小学科学技术与工程领域教学资源开发

赵继辰◎著

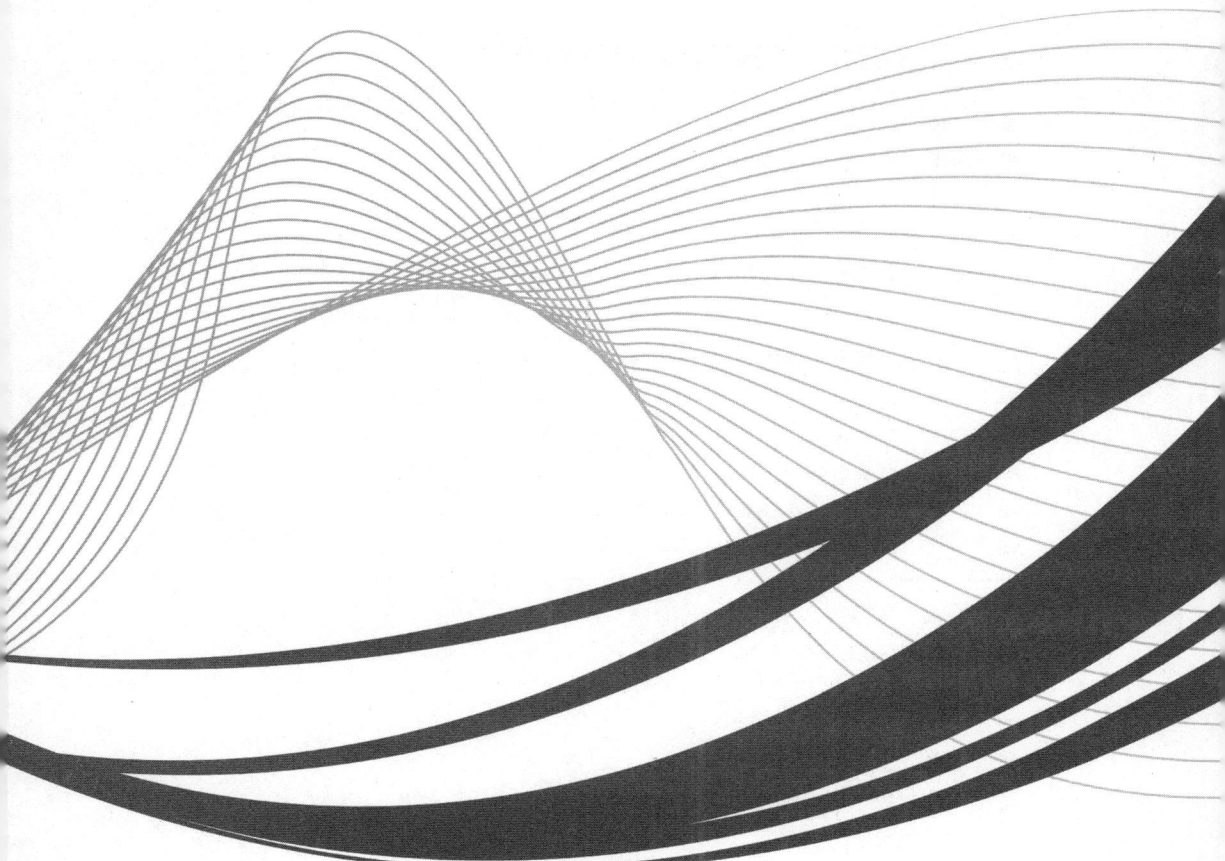

长春出版社

国家一级出版社

全国百佳图书出版单位

图书在版编目（CIP）数据

小学科学技术与工程领域教学资源开发 / 赵继辰著.
-- 长春：长春出版社, 2020.10
ISBN 978-7-5445-6042-9

Ⅰ.①小… Ⅱ.①赵… Ⅲ.①科学技术 – 小学 – 教学
参考资料 Ⅳ.①G624.63

中国版本图书馆CIP数据核字（2020）第170097号

小学科学技术与工程领域教学资源开发

著　　者	赵继辰	
责任编辑	程秀梅	
封面设计	清　风	

出版发行　**长春出版社**　　　　　　总编室电话：0431-88563443
　　　　　　　　　　　　　　　　　发行部电话：0431-88561180

地　　址　吉林省长春市长春大街309号
邮　　编　130061
网　　址　www.cccbs.net
制　　版　吉林省清风科技有限公司
印　　刷　三河市华东印刷有限公司
经　　销　新华书店

开　　本　787毫米×1092毫米　1/16
字　　数　180千字
印　　张　12
版　　次　2021年4月第1版
印　　次　2021年4月第1次印刷
定　　价　49.00元

前　言

　　2017年教育部印发了修订的《义务教育小学科学课程标准》（以下简称"新课标"）。新课标在课程内容方面进行了重要调整，在原有的物质科学、生命科学、地球与宇宙科学三个领域基础之上增加了技术与工程领域，并且从这四个领域中选择适合小学生学习的18个主要概念；在课程目标方面，在原有的科学知识目标、科学探究目标、科学态度目标基础之上增加了科学、技术、社会与环境目标，并从科学技术与日常生活的联系、科学技术与社会发展的联系、人类与自然和谐相处三个方面来描述各个学段的目标。本书从技术与工程领域和物质科学领域的大概念出发，精心选取40个设计制作活动，全景展现小学科学课程的基本理念和丰富内容，为学生提供更多的自主选择的学习空间，更充分地探究式学习，在做中学和学中思的过程中培养学生的环境保护意识，提升社会责任感。

　　全书由转动动力小车、齿轮传动小车、反冲动力小车、异形车轮小车、智能控制小车和电动机械模型六个专题组成。一辆小车一般要有驱动装置、从动装置和传动装置三个模块，转动动力小车主要针对驱动装置进行设计，齿轮传动小车主要针对传动装置进行设计，反冲动力小车主要针对无须传动的驱动装置进行设计，异形车轮小车主要针对从动装置进行设计，智能控制小车主要针对驱动装置中的控制模块进行设计，电动机械模型主要针对生活中的机械运动进行简化设计。每个专题任务明确，主线清晰，重点突出，结构合理。

　　全书的各个设计制作活动由课标要求、活动材料、活动设计、活动制作、活动反思和知识拓展六个模块组成。在活动的起始环节增加课标要求模块，让学生了解课标、重视课标、遵照课标；在活动材料模块中，增加材料的主要作用部分，培养学生的主动观察意识和观察能力；在活动设计模块中，增加整体结构设计部分，突出驱动装置、从动装置和传动装置的区别；在活动制作模块中，增加测试和调整部分，培养学生主动探究的意识；在活动反思模块中设置两个问题：一是针对本活动的设计变量或影响因素，二是与其他活动的比较。在活动的最后环节增加知识拓展模块，为学生提供丰富的科学知识和应用前景。

全书从工程材料的特点分析出发，重点介绍了各个活动的设计原理和制作改进过程。每个设计制作活动实施的过程，就是一个观察、思考、合作与探究的过程。观察环节，面对多种相似的工程材料，学生要仔细地观察，才能找出它们的不同之处，进而分析出它们的特有功能和作用，锻炼学生收集和处理信息的能力；设计环节，学生要充分利用之前观察到的有用信息，分别对小车的驱动装置、从动装置和传动装置进行合理化的设计；制作环节需要两位同学相互协作共同完成小车的安装，锻炼学生交流与合作的能力；测试环节让学生对自己亲手制作的产品进行检验，可以在很大程度上激发学生的制作兴趣。当测试的结果不理想时，又可以锻炼学生提出科学问题的能力；改装环节在达到预想的过程中使学生获得成就感，在分析原因和学习机械原理的过程中锻炼获取新知识的能力、分析问题和解决问题的能力。

全书的撰写、校对与出版得到了北京教育学院数学与科学教育学院领导和同事们的大力支持，在此谨向学院和老师们给予我的关心帮助致以深深的感谢！

科学技术不断发展，编者水平有限，本书难免会存在缺点和不足，恳请读者批评指正。

赵继辰

2020年5月于北京

目　　录

专题一 转动动力小车设计制作活动

自行车是生活中常见的绿色环保交通工具，用来代步、出行。自行车种类很多，有单人自行车、双人自行车，还有多人自行车。现在越来越多的人将自行车作为健身器材用来骑行锻炼或出游；自行车骑行本身也是一项体育竞技运动，有公路自行车赛、山地自行车赛、特技自行车比赛等。自行车是人类发明的最成功的人力机械之一，它是由许多简单机械组成的复杂机械。

人骑上自行车后，脚踩踏板带动车链条转动，带动后轮的车轴转动，进而使后轮的轮胎与地面之间产生摩擦，这个方向向前的摩擦力会使自行车向前行驶，而前轮的轮胎与地面之间产生的摩擦力使前轮也转动起来。从这个分析过程中我们可以看出，设计制作一辆可以向前行驶的小车一般要有三个模块，即用脚踩踏转动的驱动装置、车轮向前行驶的从动装置和使车链车轴转动的传动装置。

一辆小车的动力来源是设计的初始环节，选择不同能源来提供持续的动力，就会有不同的驱动装置。新课标在物质科学领域中提出了"机械能、声、光、热、电、磁是能量的不同表现形式"这个大概念，我们就从中选出六种典型能源作为驱动装置来分别设计制作风力小车、弹力小车、重力小车、电力小车、太阳能小车和化学能小车这六种小车。

风是由空气流动引起的一种自然现象，它是由太阳辐射热引起的，纸制小风车迎风转动是小学生们喜爱的玩具之一。从科学的角度来看，风常指空气的水平运动分量，包括方向和大小，即风向和风速。在风力小车的设计制作活动中，我们用吹风机提供风能，用风扇叶片将风能转化为转动动能，通过齿轮将动能传递到车轮，实现小车的平稳运动。

物体由于发生弹性形变，各部分之间存在着弹性力的相互作用而具有的势能叫作"弹性势能"。在工程中又称"弹性变形能"。例如，被压缩的气体、拉弯了的弓、卷紧了的发条、拉长或压缩了的弹簧都具有弹性势能。在弹力小车的设计制作活动中，我们用橡皮筋提供弹性势能，用转动扳手将弹性势能转化为转动动能，通过齿轮将动能传递到车轮，实现小车的平稳运动。

人们在打桩时，先把重锤高高举起，重锤落下就能把木桩打入地里。重锤是由于被举高而能够做功的，举高的物体具有的能量叫重力势能。物体的质量越大，举得越高，它具有的重力势能就越大。在重力小车的设计制作活动中，我们用配重提供重力势能，用定滑轮和细线将重力势能转化为转动动能，通过带轮将动能传递到车轮，实现小车的平稳运动。

电能是指在一定的时间内电路元件或设备吸收或发出的电能量，是科学技术发展的主要动力。电能既是一种经济、实用、清洁且容易控制和转换的能源形态，被广泛应用在动力、照明、化学、纺织、通信、广播等各个领域。在电力小车的设计制作活动中，我们用电池提供电能，用电动机将电能转化为转动动能，通过齿轮将动能传递到车轮，实现小车的平稳运动。

太阳能是指太阳的热辐射能，主要表现就是常说的太阳光线。太阳能的利用有光热转换和光电转换两种方式，在现代一般用作发电或者为热水器提供能源。太阳能已成为人类使用能源的重要组成部分，并不断得到发展。在太阳能小车的设计制作活动中，我们用太阳能板将太阳能转化为电能，用电动机将电能转化为转动动能，通过齿轮将动能传递到车轮，实现小车的平稳运动。

通过氧化还原反应而产生电流的装置称为原电池。原电池放电时，负极发生氧化反应，正极发生还原反应。化学电池使用面广，品种繁多，我们平时使用的干电池，就是根据原电池原理制成的。在化学能小车的设计制作活动中，我们用盐水电池将化学能转化为电能，用电动机将电能转化为转动动能，通过齿轮将动能传递到车轮，实现小车的平稳运动。

通过本专题的六个设计制作活动，我们会发现转动动力小车的一些共同点。一是从动装置完全相同，都是将转动动能传递到四个车轮来实现小车的平稳运动。二是传动装置基本相同，都是将驱动装置所产生的转动动能通过齿轮传递到车轮。三是驱动装置分为两类：一类是利用机械装置将能量直接转化为转动动能，如风能、弹性势能、重力势能；另一类是利用电学装置将能量先转化为电能，再通过电动机将电能转化为转动动能，如太阳能、化学能。当然还有其他一些共同点，希望同学们在制作过程和课后反思中自己去发掘。

新课标在课程的基本理念部分指出："小学生对周围世界具有强烈的好奇心和求知欲，这种好奇心和求知欲是推动学生科学学习的内在动力，对其终身发展具有重要的作用。小学科学课程的组织与教学要兼顾知识、社会、儿童三者的需求，将科学本质、科学思想、科学知识、科学方法等学习内容镶嵌在儿童喜闻乐见的科学主题中，创设愉快的教学氛围，保护学生的好奇心和求知欲，激发学生学习科学的兴趣，引导学生主动探究，积累生活经验，增强课程的意义性和趣味性。"希望通过本专题的设计制作活动，通过对风能、弹性势能、重力势能、电能、太阳能和化学能的获取和使用，同学们可以进一步理解"自然界中存在多种能量的表现形式，一种表现形式的能量可以转换为另一种表现形式"，对各种形式的能量、对结构各异的小车产生好奇心和求知欲。

活动1　风力小车

【课标要求】

18：工程技术的关键是设计，工程是运用科学和技术进行设计、解决实际问题和制造产品的活动。

18.2：工程的核心是设计。

3-4年级：针对一个具体的任务，按照设计的基本步骤来设计一个产品或完成指定的任务。

【活动材料】

材料名称	数量	主要作用
车身支架	3	基础结构
车轮	4	使小车平稳行驶
风扇叶片	1	将风能转化为转动动能
齿轮	4	传递动能
钢轴	8	固定车架
小轴套	若干	固定齿轮
吹风机	1	提供风能

1. 让学生观察车身支架。车身支架上有许多密密麻麻排列的小孔，有一些小孔是盲孔，其直径比钢轴略小，钢轴插入后会和支架紧密地连为一体，主要作用是固定钢轴的位置；另外一些小孔是通孔，主要作用是支撑钢轴但不影响钢轴的转动。

2. 让学生观察风扇叶片。当大风持续吹到扇叶时，扇叶会快速地转动，将风能转化为转动动能。扇叶的中心是一个直径比钢轴略小的盲孔，可以和钢轴紧密配合，这样扇叶转动时会带动钢轴转动。

3. 让学生观察齿轮。齿轮一共有4个：1个小齿轮和3个大齿轮，它们是小车传动的核心元件。小齿轮和1个大齿轮中心孔的直径比钢轴略小，可以和钢轴紧密配合，这样钢轴转动时会带动齿轮转动，齿轮转动时也会带动钢轴转动。另外两个大齿轮中心孔的直径比钢轴略大，钢轴可以轻松地插入其中，因此这两个齿轮转动时不会带动钢轴的转动，钢轴只起到支撑齿轮的作用。

【活动设计】

1．风力小车行驶的基本原理是当吹风机吹出风时，风扇叶片快速转动，风能转化为转动动能，再通过齿轮将动能传递到车轮，实现小车的平稳运动。当关闭吹风机后，风力消失，小车因失去动力来源会慢慢地停下来。

2．风力小车主要由三个模块组成，其中驱动装置是吹风机和扇叶，传动装置是齿轮，从动装置是车轮。

【活动制作】

1．安装从动模块。用长钢轴贯穿两个车身支架，将中心孔直径比钢轴略小的大齿轮安装在中间位置并连接车轮。用短钢轴固定支架。

2．安装传动模块。选取合适位置的孔洞，用较长钢轴贯穿车身支架，将另外两个大齿轮安装在中间位置并用小轴套固定，使齿轮之间可以相互传动。

3．安装驱动模块。将短钢轴贯穿横向支架，并在合适位置安装小齿轮，使齿轮之间可以相互传动。另一端安装好风扇叶片。

4．进行测试。将安装好的小车放在水平地面上，用吹风机吹动风扇叶片，观察小车是否平稳向前行驶。

图1-1　风力小车整体效果图

【活动反思】

1. 在测试之前，我们怎样判断齿轮之间可以相互传动呢？有一种简单而实用的办法，就是用手转动中间的一个大齿轮，如果齿轮安装的位置合理，那么其他三个齿轮会顺畅地转动，车轮和扇叶也会跟着转动。反之，如果在转动过程中有生涩的感觉或者根本转不动，或者有个别齿轮根本不转，说明齿轮安装的位置有不合理的地方，需要重新调整。

2. 在安装小车的过程中，除了与扇叶和车轮直接相连的小齿轮和一个大齿轮外，还有两个用于传递动能的大齿轮，它们是必须存在的吗？如果降低小齿轮和横梁支架的高度，去掉一个大齿轮，似乎也可以实现齿轮之间的相互配合。不妨让学生试着改变齿轮传动的结构，看看小车还能不能够正常行驶。如果能，那么行驶状态和之前相比又有什么变化呢？

【知识拓展①】

风能已成为世界上发展速度最快的新型能源。国际上风能开发利用的主要方式是风力发电。随着技术的成熟和向大规模、大型化、产业化方向的发展，其成本不断降低，越来越受到人们的重视。与天然气、石油相比，风能不受价格的影响，也不存在枯竭的威胁；与煤相比，风能没有污染，是清洁能源；最重要的是风能发电可以减少二氧化碳等有害排放物的排放量。

风能可利用的基本形式包括风力发电、风力提水、风力致热和风帆助航四种。风力发电是目前使用最多的形式，其发展趋势：一是功率由小变大，陆上使用的单机最大发电量已达到2MW；二是由一户一台扩大到联网供电；三是由单一风电发展到多能互补，即"风力—光伏"互补和"风力机—柴油机"互补等。

我国适合风力提水的区域辽阔，提水设备的制造和应用技术也非

---

①赵建柱，等. 风能利用与可持续发展［J］. 农机化研究，2004（6）：41—42.

常成熟。我国东南沿海、内蒙古、青海、甘肃和新疆北部等地区，风能资源丰富，地表水源也丰富，是我国可发展风力提水的较好区域。风力提水可用于农田灌溉、海水制盐、水产养殖、滩涂改造、人畜饮水及草场改良等，是弥补当前农村、牧区能源不足的有效途径之一，具有较好的经济、生态与社会效益，发展潜力巨大。

风力致热与风力发电、风力提水相比，具有能量转换效率高等特点。因为由机械能转变为电能时不可避免地要产生损失，而由机械能转变为热能时，理论上可以达到100%的效率。农村、边远地区能源的最终使用方式主要是热能，如采暖、加热、保温、烘干、水产养殖、家禽饲养及蔬菜大棚等，因此使用风力致热最有利、最便捷。目前，国际上风力致热技术仍处于示范试验阶段，在我国基本上是一个空白。

风帆助航是风能利用的最早形式，现在除了仍在使用传统的风帆船外，还发展了主要用于海上运输的现代大型风帆助航船。据介绍，风帆作为船舶的辅助动力，可以减少10%—15%的燃料消耗。

风能具有广泛的用途和无限的应用前景，特别是风力发电具有诸多的优越性，在近年得到了长足的发展，其优势可以归纳为分布非常广泛。风能可利用地区几乎占了中国版图的1/2，而且是取之不尽、用之不竭的。利用风能是可再生的洁净能源，开发利用风能不会产生任何影响人体健康的有害物质，不会破坏环境，不会产生大气污染。在风力资源丰富的地区，可就地建立风力发电站，就地用电，可以节省大量的输电设备和其他能源。同时随着技术的进步，成本继续降低，风电价格将会进一步下降。风力提水、风能致热、风帆助航等其他几种风能利用形式也具有许多优点，如设备制造简单、技术要求低、投资少、风能转化效率高、使用维修简便等，都具有极大的发展前景。

活动2 弹力小车

【课标要求】

18：工程技术的关键是设计，工程是运用科学和技术进行设计、解决实际问题和制造产品的活动。

18.3：工程设计需要考虑可利用的条件和制约因素，并不断改进和完善。

3-4年级：对自己或他人设计的想法、草图、模型等提出改进建议，并说明理由。在制作过程中及完成后进行相应的测试和调整。

【活动材料】

材料名称	数量	主要作用
车身支架	4	基础结构
车轮	4	使小车平稳行驶
橡皮筋	1	将弹性势能转化为转动动能
齿轮	2	传递动能
钢轴	3	固定车架
螺丝钉	2	固定橡皮筋

1. 让学生观察橡皮筋。橡皮筋是一种用橡胶与乳胶做成的短圈，具有伸长率大、回弹性好、使用方便等特点。当我们用力拉橡皮筋时，它会变长，同时会产生回弹力。拉力越大，橡皮筋抻得越长，产生的回弹力也越大。当我们不再用力拉橡皮筋时，它会迅速恢复原来的形状。

2. 让学生观察齿轮。齿轮一共有两个：一个小齿轮和一个大齿轮，它们是小车传动的核心元件。齿轮和钢轴之间紧密配合，这样钢轴转动时会带动齿轮转动，齿轮转动时也会带动钢轴转动。

3. 让学生观察车轮。车轮一共有四个，车轮的轮胎有许多凹凸不平的纹理，这样可以增大车轮与地面之间的摩擦力，提高小车的行驶能力。

【活动设计】

1. 弹力小车行驶的基本原理是在将橡皮筋拧紧的情况下，通过橡皮筋恢复原状过程中所产生的回弹力带动扳手转动，使橡皮筋中存储的弹性势能转化为转动动能，再通过齿轮将动能传递到车轮，实现小车的快速运动。当橡皮筋恢复原状后，回弹力消失，小车因失去动力来源会慢慢地停下来。

2. 弹力小车主要由三个模块组成，其中驱动装置是橡皮筋和转动扳手，传动装置是齿轮，从动装置是车轮。

【活动制作】

1. 安装从动模块。用长钢轴贯穿两个车身支架，将小齿轮安装在中间位置并连接车轮。用两根短柱固定支架。

2. 安装传动模块。用短钢轴贯穿短柱和大齿轮，调整齿轮位置，使齿轮之间可以相互传动。短钢轴另一端安装转动扳手。

3. 安装驱动模块。在后短柱中间位置和转动扳手上用螺丝刀各拧上一个螺丝钉，并套好橡皮筋，调整后短柱位置，使橡皮筋处于适度绷紧状态。

4. 进行测试。将安装好的小车放在水平地面上，先用手指不断地沿逆时针方向旋转转动扳手，使橡皮筋处于完全拧紧的状态，然后迅速松开手，让橡皮筋自然恢复，观察小车是否快速向前行驶。

图1-2 弹力小车整体效果图

【活动反思】

1. 测试时我们通过沿逆时针方向旋转扳手的方式在橡皮筋中存储弹

性势能，在把扳手释放后小车快速向前行驶。我们需要思考一个问题：为什么是沿逆时针方向旋转扳手呢？沿顺时针方向旋转不行吗？要弄清楚这个问题，我们就必须分析一下齿轮传动过程中的方向转换规律。当我们沿逆时针方向旋转扳手并释放后，扳手受回弹力的作用会沿顺逆时针方向旋转，进而带动同轴的大齿轮沿顺逆时针方向旋转，经过齿轮配合后小齿轮向前旋转，进而带动车轮向前行驶。反之，如果测试时我们先沿顺逆时针方向旋转扳手，齿轮和车轮就会向反方向转动，小车就会向后行驶。

2. 在安装弹力小车的过程中如果我们仔细观察就会发现，小齿轮与从动装置车轮直接相连，大齿轮与驱动装置转动扳手直接相连；而在上一个风力小车的制作活动中，小齿轮与驱动装置风扇叶片直接相连，大齿轮与从动装置车轮直接相连，两个齿轮安装的位置正好相反。这样的安装方式是必须的吗？如果反过来安装，小车还能够正常行驶吗？如果能，那么行驶状态和之前相比又有什么变化呢？

【知识拓展①】

随着国家振兴高端装备制造业，我国企业对高端装备所需的关键零部件与基础件制造的要求也相应提高。弹簧是装备制造业的关键基础件，量大面广、品种繁杂，用以控制机件的运动、缓和冲击或震动、贮存能量、测量力的大小等，广泛应用于汽车、铁路、工程机械、电子电器等国民经济的各个领域。

目前，我国高性能弹簧制造的保障能力不足，高档汽车、重载铁路等行业所用高级弹簧仍需进口。随着汽车轻量化、重大技术装备大型化及参数极限化，高级弹簧的需求量也在快速增长。同时，随着高性能弹簧制造需求的日益增加，也对弹簧钢的品种和性能提出了越来越高的要求。

---

①霍咚梅，等. 我国弹簧钢生产现状及发展展望［J］. 冶金经济与管理，2015（5）：8—9.

近年来，我国弹簧行业产品规模、品种不断扩大，已拥有气门弹簧、悬架弹簧、膜片弹簧、减震弹簧、液压弹簧、油泵弹簧、碟形弹簧、高温弹簧、卡簧、拉簧、扭簧、压簧、涡卷簧以及异性弹簧等1600多个品种的弹簧产品。

弹簧作为装备制造的基础件、零部件之一，它的规模品种的扩大、质量水平的提高是保障机械装备主机性能提高的先决条件。但是，我国弹簧行业的产业结构长期以来形成了低档普通弹簧供过于求、高档产品（高强度、高应力、异性件、特种材料）供不应求的被动局面。弹簧产品已经不能完全满足高端装备制造业的发展需要，例如轿车中使用的悬架簧、气门弹簧、离合器弹簧以及机车、机械、电力、军工等行业所用高级弹簧仍需要进口。此外，目前我国弹簧产品的性能与国外同类产品也有一定差距，如在弹簧的负荷精度、垂直度精度等方面都存在差距，集中反映在性能不稳定、有些重要质量指标离散性大、使用寿命不稳定等方面，特别是当主机要求弹簧在高速、高应力工况下工作时，矛盾更为突出。

弹簧产品主要消费市场包括交通运输、日用五金、仪器仪表及电子电器、工矿配件以及海外出口。交通运输市场包括为汽车、摩托车、柴油机和铁道等行业提供配套和维修件弹簧，这是目前我国弹簧行业最重要、最有发展前途的市场。据悉，汽车、铁路行业的弹簧需求量占我国弹簧消费总量的80%以上。未来，得益于国家的相关政策刺激及相关产业的振兴规划，我国汽车、铁路、仪表仪器等行业均将保持快速稳定发展。在良好的外部环境及下游需求稳定增长的背景下，我国弹簧行业将保持稳定发展，弹簧产品规模将继续扩大。此外，一些新兴产业领域，如常规武器、核电和飞机制造，也将给弹簧行业带来新的增长点。

活动3 重力小车

【课标要求】

6：机械能、声、光、热、电、磁是能量的不同表现形式。

6.6：自然界有多种表现形式的能量转换。

6.6.2：一种表现形式的能量可以转换为另一种表现形式。

5—6年级：调查和说明生活中哪些器材设备或现象中存在动能（机械能）、声能、光能、热能、电能、磁能及其之间的转换。

【活动材料】

材料名称	数量	主要作用
车身支架	3	基础结构
车轮	4	使小车平稳行驶
配重	1	提供重力势能
定滑轮	1	改变方向
带轮	1	传递动能
钢轴	3	固定定滑轮
细线	1	连接定滑轮与配重

1. 让学生观察定滑轮。定滑轮在物理上的定义是轴的位置固定不变的滑轮。虽然使用定滑轮不能够省力，但是可以改变力的方向。本次活动我们便利用了定滑轮可以改变力的方向这一特点，将竖直向下的重力变为斜向上的拉力，以此给小车提供前进的动力。

2. 让学生观察带轮。带轮是两个边沿凸起、中间下凹的一类轮子，凹槽内缠绕细绳或皮筋，可以作为小车的传动元件。带轮和钢轴之间紧密配合，这样带轮转动时会带动钢轴转动，进而使车轮转动。

3. 让学生观察配重。小车使用的配重元件是六角螺母，它悬挂在小车顶部用来提供重力势能，作为小车动力的来源。

【活动设计】

1．重力小车行驶的基本原理是，将配重元件悬挂在小车顶部，并自由释放时会带动细绳向下运动，通过定滑轮使缠绕在带轮凹槽内的细绳不断被拉出，进而将配重元件所存储的重力势能转化为转动动能，再通过带轮将动能传递到车轮，实现小车的向前行驶。当配重元件落到地面后，所存储的重力势能消失，小车因失去动力来源会慢慢地停下来。

2．重力小车主要由三个模块组成，其中驱动装置是配重元件六角螺母和细绳，传动装置是带轮，从动装置是车轮。

【活动制作】

1．安装从动模块。用两根长钢轴贯穿两个车身支架，将带轮安装在前面钢轴的中间位置并连接所有车轮。

2．安装传动模块。将长立柱竖直固定在两个车身支架上，定滑轮用短钢轴固定在长立柱的顶端。

3．安装驱动模块。将细绳的一端固定在带轮凹槽内，其另一端跨过定滑轮后，缠绕并固定在配重元件六角螺母上，使细绳处于适度绷紧状态。

4．进行测试。将安装好的小车放在水平地面上，让配重元件六角螺母自然悬挂，先用手向后推动小车，使六角螺母的位置逐渐升高到小车顶部，细绳不断缠绕在带轮的凹槽内，然后迅速松开手，让六角螺母自由下落，缠绕的细绳随之自然释放，观察小车是否向前行驶。

【活动反思】

1．通过测试我们发现，当配重元件落到地面后，小车因失去动力来源会慢慢地停下

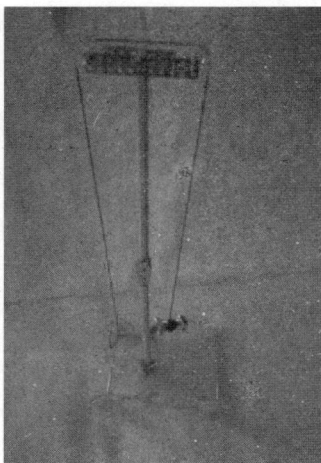

图1-3　重力小车整体效果图

来。与此同时，细绳不断缠绕在带轮的凹槽内，缠绕的方向与初始的时候相反，而且六角螺母会随着细绳的缠绕而逐渐升高。如果我们把小车加速前进的过程看作重力势能转化为转动动能的过程，那么小车减速的过程就可以看作转动动能转化为重力势能的过程。同学们在测试时应仔细观察。

2. 在安装小车的过程中我们发现，本次传动装置使用的是带轮，而之前两个活动中传动装置使用的是齿轮，它们有何优点呢？带轮传动的优点在于运动平稳，无噪声；制造和安装不像齿轮传动那样严格；可以实现较大范围的传动。而齿轮传动的优点在于工作可靠，使用寿命长；传动精确而且效率高。

【知识拓展①】

自1910年云南石龙坝水电站开工建设至今的100多年以来，我国水电建设取得了巨大成就。特别是改革开放以来，随着国民经济对电力需求的快速增长及水电建设管理体制改革的推进，水电开发进入了一个新的发展阶段。从技术水平来看，我国已经成功建设了类型各异、技术复杂的众多大型、巨型水电站，在高坝筑坝、重大技术装备、水电站运行管理等方面取得了重大突破，一大批世界级工程在我国建成并投入运行。

水电是我国仅次于煤炭的第二大常规能源资源，开发水电可节约煤炭资源，减少温室气体和各种污染物的排放，水电作为清洁可再生能源具有显著的环境效益，对生态文明建设作用巨大。我国政府把水能资源作为能源战略和能源安全的积极发展领域，强调在贯彻全面协调、统筹兼顾、保护生态、发挥综合效益原则的基础上，实现人与自然和谐相处，促进经济社会可持续发展。

_____

①陈云华，等. 中国水电发展形势与展望［J］. 水力发电学报，2013，32（6）：1—4.

我国深入推进水电"西电东送"战略，重点推进长江上游、金沙江、雅砻江、大渡河、澜沧江、黄河上游、南盘江、红水河、怒江、雅鲁藏布江等大型水电基地建设，通过加强北部、中部、南部输电通道建设，不断扩大水电"西电东送"规模，完善"西电东送"格局，强化通道互连，实现资源更大范围的优化配置。这些大型水电能源基地水库调节性能好、补偿效益显著、装机规模大、电能质量高，为受电区将提供持续、稳定、优质、清洁的电力输出，一方面加快可再生能源对不可再生能源的替代，减少化石能源消耗，优化受电区能源结构，使其能源供需更加合理，另一方面增强受电区能源尤其是电力资源的供给能力，在一定程度上满足经济快速发展对电力资源的需求，保障电力安全供应。另外，"西电东送"将使供电区的能源潜力得到更充分的开发，增强了整个国家电力资源自给自足的能力，相应地减少了对国外一次能源的依赖，能源资源得到优化配置，提高了国家的能源安全。

随着水电资源的开发，以水电开发带动其他相关产业发展，将是未来流域区域资源综合开发和区域协调发展的主要趋势。我国水电资源集中的西部地区自然资源丰富，但是地理位置偏远，经济发展相对落后。水电开发对改善区域基础设施建设、增加就业机会、增加政府税收和居民收入有直接作用，同时水电建设期间所需的建筑材料可以带动当地其他资源的开发，水电运行期可为当地提供充足能源，促进当地的资源优势转化为经济优势。国家通过建立水电开发利益共享机制，政策引导，将水电资源开发与地方社会经济发展规划统筹考虑，促进地方经济发展，并在鼓励水电企业开发水电资源的同时，进行流域资源综合开发利用和管理，实施流域自然资源和生态环境保护，有力推进流域资源综合开发和区域协调发展。

活动4 电力小车

【课标要求】

6：机械能、声、光、热、电、磁是能量的不同表现形式。

6.4：电可以在特定物质中流动，电是日常生活中不可缺少的一种能源。

6.4.1：电路是包括电源在内的闭合回路，电路的通断可以被控制。

3-4年级：说出电源、导线、用电器和开关是构成电路的必要元件，说明形成电路的条件；解释切断闭合回路是控制电路的一种方法。

【活动材料】

材料名称	数量	主要作用
车盘底座	1	基础结构
车轮	4	使小车平稳行驶
小电动机	1	将电能转化为转动动能
钢圈、螺钉	1组	固定小电动机
开关、导线	1组	控制电路开闭
电池	2	提供电能
齿轮	2	传递动能
钢轴	2	连接车轮

1. 让学生观察小电动机。小型直流电动机由定子与转子组成，定子包括主磁极、机座、换向极、电刷装置等，转子包括电枢铁芯、电枢绕组、换向器、轴和风扇等。当小电机的两极接通电源后，由于电枢绕组会受到磁场的作用力，使得小电机的转子会不断地快速转动。

2. 让学生观察开关。开关是指一个可以使电路开路、使电流中断或使其流到其他电路的电子元件。本次活动用到的开关有一个电子接点，接点的"闭合"表示电子接点导通，允许电流流过；开关的"开路"表示电子接点不导通形成开路，不允许电流流过。还有一类开关有多个电子接点。

3．让学生观察电池。干电池属于化学电源中的原电池，是日常生活中最为普遍使用且轻便的电池，可以用在很多电器上，是一种一次性电池。

【活动设计】

1．电力小车行驶的基本原理是将电池的两极、电动机的两极与开关用导线连接，当开关闭合后，电路中会产生电流，使电动机快速转动，电能转化为转动动能，再通过齿轮将动能传递到车轮，实现小车的快速运动。当开关断开后，电路中的电流消失，小车因失去动力来源会慢慢地停下来。

2．电力小车主要由三个模块组成，其中驱动装置是电池和电动机，传动装置是齿轮，从动装置是车轮。

【活动制作】

1．安装从动模块。用长钢轴贯穿车盘底座并连接车轮，将大齿轮安装在前面长轴靠近左侧车轮的位置。

2．安装传动模块。将小齿轮安装在电动机输出短轴的端部，调整电动机的位置，使齿轮之间可以相互传动。然后用钢圈和螺钉将电动机固定在底座上。

3．安装驱动模块。将电池盒固定在底座上，然后用导线连接好电动机的两极。先断开开关，再将两节电池按对应的正负极放入电池盒内。

图1-4　电力小车整体效果图

4．进行测试。将安装好的小车放在水平地面上，将开关闭合，观察小车是否快速向前行驶。

【活动反思】

1．测试时我们发现，小车的行驶方向由电动机的转动方向决定。我们需要思考一个问题：电动机的转动方向是由什么决定的呢？应该是由电动机中电流的方向决定的。如果测试时我们把电池的正极与电动机的负极相连，而把电池的负极与电动机的正极相连，那么电动机中电流的方向就会与原来的方向相反，电动机就会反向转动，小车就会向反方向行驶。同学们不妨测试一下我们的小车，看看它是否真的能向反方向行驶。

2. 现在我们把电动小车与之前的弹力小车、重力小车进行对比，同学们思考它有哪些优点呢？首先是运动速度快，因为电动机的转动速度要比橡皮筋带动的转动扳手和六角螺母带动的带轮快得多；其次是运动时间长，因为橡皮筋中所储存的弹性势能和六角螺母高悬所储存的重力势能很快就释放完了，而电池里所储存的电能却可以持续很长时间。

【知识拓展①】

随着绿色出行逐渐被提上日程，电动自行车越来越受到广大人民的青睐，成为人们出行过程中重要的交通工具之一。电机是把电能转换成机械能，并使电动自行车正常工作的一种设备，根据使用电源的不同类型可以分为直流电机和交流电机两种，在电力系统中电机大部分是交流电机。电机基本的工作原理是使通电线圈产生旋转磁场，并使其作用于转子鼠笼式的闭合铝框，进而形成磁电动力旋转扭矩，使电机实现转动。电机主要由定子与转子两个部分组成，通电导线在磁场中受力运动的方向主要受电流方向和磁感线方向的影响。

永磁式直流电机主要由定子磁极、转子、电刷和外壳四个部分组成。正如永磁式直流电机的名称，定子磁极一般采用的是永磁体；转子是由硅钢片叠压而成的，且漆包线绕在转子铁心的两槽之间，其各接头分别焊在换向器的金属片上；电刷是连接电源与转子绕组的导电部件，具备导电与耐磨的特点。永磁式直流电机由于不需要直流励磁

---

①查建东. 电动自行车电机技术的现状及发展［J］. 中国新技术新产品，2019（2）：10—11.

电源，可以极大地减少电源的消耗；且没有励磁绕组，因此可以减少铜耗，有利于节约资源。但是受到材料的限制，永磁式直流电机的容量相对较小，且电压调整率差，难以得到广泛应用。

无刷直流电机由永磁体转子、多极绕组定子和位置传感器三个部分构成。顾名思义，无刷直流电机最大的特点就是无刷，而是用电子开关器件作为接触式换向器和电刷来代替，具有可靠性高、无换向火花、机械噪声低等优点。位置传感器主要通过转子位置的变化，并按照一定的顺序对定子绕组的电流进行切换。无刷直流电机与有刷电机相比具有寿命长、免维护、可靠性高、效率高、节能等优点，使其广泛应用于电动自行车当中。但是无刷直流电机自身结构比较复杂，控制器甚至比有刷电机还要复杂许多。

高速永磁无刷电机由定子铁心、磁钢转子、太阳轮、减速离合器、轮毂外壳等部分组成。电机的盖子上可以安装霍尔传感器，用以测速；位置传感器有磁敏式、光电式和电磁式三种类型，每种类型都有各自的特点，可以根据不同的需要采用不同的位置传感器，由位置传感器输出控制的电子开关电路可以为定子绕组提供工作电压。高速永磁无刷电机具有结构简单、运行可靠、体积小、质量小、损耗少以及效率高等特点，具有广泛的应用前景，但是其电机内的损耗相对其他电机要大得多，尤其是铁耗，这对于电动自行车来说是十分不利的，需要改善。

各电动自行车企业为了在竞争日益激烈的市场中抢占优势，都在竭尽全力提高电动自行车的电机技术，使其能够满足更多消费者的需求，电动自行车电机技术今后的发展趋势，主要体现在以下三点：关注电池的重要作用、提升核心零部件和提高工作效率。

活动5　太阳能小车

【课标要求】

6：机械能、声、光、热、电、磁是能量的不同表现形式。

6.6：自然界有多种表现形式的能量转换。

6.6.1：自然界中存在多种能量的表现形式。

5-6年级：知道声、光热、电、磁都是自然界中存在的能量形式。

【活动材料】

材料名称	数量	主要作用
车盘底座	1	基础结构
车轮	4	使小车平稳行驶
小电动机	1	将电能转化为转动动能
钢圈、螺钉	1组	固定小电动机
开关、导线	1组	控制电路开闭
太阳能板	1	将太阳能转化为电能
齿轮	2	传递动能
钢轴	2	连接车轮

1. 让学生观察太阳能板。太阳能板是由若干个太阳能电池片按一定方式组装在一块板上的组装件，主要由电池片、钢化玻璃、背板和接线盒组成。电池片的主要作用就是发电，钢化玻璃的作用是保护发电主体（如电池片）且透光性能要良好，背板的作用是密封、绝缘、防水，接线盒用来保护整个发电系统，起到电流中转站的作用。

2. 让学生测试太阳能板。将太阳能板的两极与电动机的两极用两根导线分别连接。打开手电筒，将手电筒发出来的光照射到太阳能板上，观察电动机是否快速转动。如果电动机转动起来，说明太阳能板确实能够发电。

【活动设计】

1. 太阳能小车行驶的基本原理是将太阳能板的两极、电动机的两极与开关用导线连接,当开关闭合后,将手电筒发出来的光照射到太阳能板上,光能会转化为电路中的电能,使电动机快速转动,电能转化为转动动能,再通过齿轮将动能传递到车轮,实现小车的快速运动。当手电筒的光不再照射太阳能板后,电路中电流消失,小车因失去动力来源会慢慢地停下来。

2. 太阳能小车主要由三个模块组成,其中驱动装置是太阳能板和电动机,传动装置是齿轮,从动装置是车轮。

【活动制作】

1. 安装从动模块。用长钢轴贯穿车盘底座并连接车轮,将大齿轮安装在前面长轴靠近左侧车轮的位置。

2. 安装传动模块。将小齿轮安装在电动机输出短轴的端部,调整电动机的位置,使齿轮之间可以相互传动。然后用钢圈和螺钉将电动机固定在底座上。

3. 安装驱动模块。将太阳能板固定在底座上并倾斜一定的角度,然后用导线连接好电动机的两极和开关。

4. 进行测试。将安装好的小车放在水平地面上,让手电筒发出的光能照射到太阳能板,然后将开关闭合,观察小车是否快速向前行驶。

图1-5 太阳能小车整体效果图

【活动反思】

1. 在安装过程中需要将太阳能板倾斜一定的角度再固定。我们需要思考一个问题：太阳能板为什么要倾斜一定的角度来安装呢？倾斜的角度怎么来确定呢？总的原则是让太阳光能够垂直照射到太阳能板上，只有这样太阳能板的发电效率才能达到最高。而太阳光并不是垂直照射到地面上，因此在安装过程中需要将太阳能板倾斜一定的角度来尽可能满足垂直照射的条件。

2. 现在我们把太阳能小车与之前的电动小车进行对比，同学们认为它们有哪些相同点和不同点呢？它们的相同点是它们都是通过电动机将电能转化为转动动能，而后通过齿轮将动能传递到车轮来实现小车的运动，不同点在于电力小车是用干电池提供电能，而太阳能小车是将太阳能转化为电路中的电能。

【知识拓展①】

太阳能作为一种可再生的新能源，具有清洁、环保、持续、长久等优势，已成为应对能源短缺、气候变化与节能减排的重要选择之一，其大规模利用可有效减少对化石能源的依赖，与常规能源相比，太阳能资源的优点主要有：储量丰富、长久性、普遍性、洁净安全和经济性。

中国太阳能资源分布有如下特点：太阳能的高、低值中心都处在北纬22°—35°一带，高值中心在青藏高原，低值中心在四川盆地；西部年辐射总量高于东部，除西藏、新疆外，基本上北部高于南部；因南方多数地区云雾雨多，在北纬30°—40°地区，太阳能随纬度增加而增长，与一般的太阳能随纬度变化的规律相反。根据太阳能资源年总量的大小，可将全国划分为资源丰富带、资源较富带、资源一般带及资源贫乏带。由于太阳能资源受到气候环境条件的制约，其分布具有明显的地域性，但大部分地区仍有很大的可利用性。

---

①闫云飞，等. 太阳能利用技术及其应用［J］. 太阳能学报，2012（S1）：47—52.

　　不同的太阳能利用方式，其原理也不尽相同，各具特点和适用范围。太阳能热水器是把太阳能转化为热能并对水进行加热的装置，与燃气热水器、电热水器合称三大热水器。其结构简单、成本低、易推广，目前已是一个成熟的行业。太阳能热水器在中国也得到了广泛应用。

　　太阳房概念与建筑结合形成了"太阳能建筑"技术领域，具有良好的环境和经济效益。欧洲在太阳房技术和应用方面，特别是在玻璃涂层、窗技术、透明隔热材料等方面引领世界。中国太阳房开发利用始于20世纪80年代初，主要分布在河北、内蒙古、甘肃和西藏等农村地区。直接利用太阳能供暖、制冷和作为采光系统的太阳能建筑模式也越来越普及，但多采用主动式太阳房，即阳光充足时不用其他动力，直接采暖，阴天或夜间启动辅助系统来保证室内有较稳定温度。

　　太阳能热发电是利用集热器将太阳能转换成热能并通过热力循环过程进行发电。世界上现有太阳能热发电系统大致分为槽式系统、塔式系统和碟式系统三类。槽式系统是利用槽式聚光镜将太阳光反射到镜面焦点处的集热管上，并将管内工质加热，产生高温蒸汽，驱动常规汽轮机发电。目前，槽式太阳能发电技术是商业化进展最快的技术之一。

　　太阳能光伏发电是利用太阳电池将太阳能直接转变为电能。光伏发电系统主要由光伏电池板、控制器和逆变器三大部分组成。

　　太阳灶的计数原理是利用太阳辐射能，直接转换成供人们炊事使用的热能，以代替一般炉灶，是一种很有前景的太阳能应用技术。无须燃料、无污染，正常使用时比蜂窝煤炉还要快、与煤气灶速度基本一致。中国是太阳灶的最大生产国，主要应用在甘肃、青海、西藏等边远地区。

活动6　化学能小车

【课标要求】

2：水是一种常见而重要的单一物质。

2.2：有些物质在水里能够溶解，而有些物质在水里很难溶解。

3-4年级：通过观察，描述一定量的不同物质在一定量水中的溶解情况。

【活动材料】

材料名称	数量	主要作用
车盘底座	1	基础结构
车轮	4	使小车平稳行驶
小电动机	1	将电能转化为转动动能
钢圈、螺钉	1组	固定小电动机
开关、导线	1组	控制电路开闭
盐水电池	1组	将化学能转化为电能
齿轮	4	传递动能
钢轴	3	连接车轮

1．让学生观察盐水电池。盐水电池主要由电极片、电解质溶液、水杯和导线所组成，电极片的主要作用就是发电，电极片有镁片和碳片两个，镁片是盐水电池的正极，碳片是盐水电池的负极；将少许盐放入清水中，就可以形成电解质溶液，其作用是提供电子运动的通道；水杯的作用是盛放电解质溶液，而导线起到电流中转站的作用。

2．让学生测试盐水电池。将盐水电池的两极与电动机的两极用两根导线分别连接。往水杯倒入一定量的清水，然后再加入少许盐，观察电动机是否快速转动。如果电动机转动起来，说明盐水电池确实能够发电。

【活动设计】

1. 化学能小车行驶的基本原理是将盐水电池的两极、电动机的两极与开关用导线连接，当水杯中倒入一定量的清水再加入少许盐后，镁片会失去电子，电子通过电解质溶液被碳片得到，这样化学能会转化为电路中的电能，使电动机快速转动，电能转化为转动动能，再通过齿轮将动能传递到车轮，实现小车的快速运动。当镁片消耗完毕后，电路中电流消失，小车因失去动力来源会慢慢地停下来。

2. 化学能小车主要由三个模块组成，其中驱动装置是盐水电池和电动机，传动装置是齿轮，从动装置是车轮。

【活动制作】

1. 安装从动模块。用长钢轴贯穿车盘底座并连接车轮，将大齿轮安装在前面长轴靠近左侧车轮的位置。

2. 安装传动模块。将小齿轮安装在电动机输出短轴的端部，调整电动机的位置，使齿轮之间可以相互传动。然后用钢圈和螺钉将电动机固定在底座上。

3. 安装驱动模块。将水杯固定在底座上，然后用导线和鳄鱼夹将镁片、碳片和电动机的两极、开关连接好。

4. 进行测试。将安装好的小车放在水平地面上，往水杯中倒入一定量的清水，然后将开关闭合，

图1-6　化学能小车整体效果图

往水杯中加入少许盐，观察小车是否快速向前行驶。

【活动反思】

1. 测试时我们发现，如果不往水杯中加入食盐，小车便不能向前行驶。我们需要思考一个问题：如果往水杯中加入更多的食盐，小车会不会

更快速地向前行驶呢？答案是否定的。原因是加入更多的食盐只会提高盐水的浓度，而盐水只作电解质溶液，不参与反应。盐水电池的电压电流与电极物质镁片碳片有关，与盐水浓度没有关系。同学们不妨测试一下我们的小车，看看它是如何行驶的？

2. 现在我们把化学能小车与之前的太阳能小车进行对比，同学们认为它们有哪些相同点和不同点呢？它们的相同点都是通过电动机将电能转化为转动动能，而后通过齿轮将动能传递到车轮来实现小车的运动，不同点在于太阳能小车是将光能转化为电路中的电能，而化学能小车是将化学能转化为电能。

【知识拓展①】

燃料电池通过燃料的电化学反应直接产生电能，相当于一个小型发电装置，主要包括双极板、电解质、扩散层、催化剂。根据电解质和燃料的不同，燃料电池分为六类：质子交换膜燃料电池、直接甲醇燃料电池、固体氧化物燃料电池、碱性燃料电池、熔融碳酸盐燃料电池、磷酸燃料电池。

质子交换膜燃料电池采用水基酸性聚合物作为电解质、铂作为催化剂，是当前燃料电池汽车和物料搬运车的首选技术路线。相较其他电池，其特点是运行温度相对较低（一般低于100℃），同时可以根据需要灵活调整电堆输出功率。但因相对低的启动温度并采用贵金属基电极，这类电池必须使用高纯度的氢。

甲醇燃料电池是相对较新的技术，需要使用聚合物膜（如全氟磺酸）作为电解质，不同点为其采用铂—钌催化剂，燃料可以是氢也可以是液态甲醇，因此被称作直接甲醇燃料电池。甲醇具有相对高的能量密度，很容易运输和存储。基于其运行温度为60℃—130℃，能量转

---

① 冯丹，等. 燃料电池产业发展现状及趋势分析［J］. 化工时刊，2018，32（11）：24—25.

化效率为60%左右，直接甲醇燃料电池主要应用方向为电子产品、移动充电宝、物料搬运车等领域。

固体氧化物燃料电池采用固体陶瓷作为电解质（例如氧化锆—氧化钇），运行温度非常高，最高运行温度高达800℃—1000℃，对铂催化剂依赖较小，可采用多种碳氢化合物燃料（甲烷、煤气等）。其能量转换效率超过60%，如果放出的热量能够被回收利用，转化率则可高达80%。但受限于启动时间长，很难应用于汽车领域，主要在大型、小型固定式热电联产发电站中应用较多。

碱性燃料电池采用如氢氧化钾、碱性聚合物之类的碱性电解质，要求高纯度氢，运行温度为70℃左右。最先被应用在航天器上的用于生产电能和水的电池上，很少被应用于商业领域。其优点是可采用非贵金属作为催化剂。

熔融碳酸盐燃料电池采用附着在多孔陶瓷上的熔融碳酸盐（包括碳酸锂、碳酸钾及碳酸锂）作为电解质。运行温度高达650℃，具备三大优点：一是对贵金属催化剂的依赖较低；二是比起低温电池，可减少催化剂中毒概率；三是可以使用多种燃料（例如煤气、甲烷等）。缺点是存在高温腐蚀。目前主要用在一些大型电站、热电联产、热冷联产，转换效率高达60%，联产效率高达80%以上。

磷酸燃料电池，作为2001年之前的主流燃料电池技术，采用磷酸或磷酸基电解质，能有效减少铂催化剂（运行温度180℃左右）中毒，但发电效率较低，当热电联产时效率可达80%。主要应用在功率100kw—400kw的固定式发电站中，也有少量应用在大型汽车上。

专题二 齿轮传动小车设计制作活动

　　除了生活中常见的自行车外，还有一类经过改装的一般用于比赛的自行车，称为变速自行车。变速自行车与一般自行车相比，最大的不同之处在于后轮的结构中增加了一些齿轮，而调节这些齿轮可以让变速自行车达到不同的速度和骑行者使用不同的力量。现如今汽车也已经逐步进入我们的生活，而手动挡汽车的行驶原理与变速自行车是类似的，因为发动机中有一个变速箱，里面有许多齿轮，外面有挡位转换器。车辆在行驶过程中，驾驶员根据路面情况，选择合理的挡位行驶。

　　齿轮传动最主要的特点是每经过一次齿轮配合，齿轮的转动方向就会改变一次，而同一轴线上的各个齿轮转动方向和转速是相同的。小齿轮转动速度快，大齿轮转动速度慢。如果是小齿轮带动大齿轮转动，那么由于大齿轮是从动轮，输出转速比输入转速慢，因此这类传动称为减速传动；反之，如果是大齿轮带动小齿轮转动，那么由于小齿轮是从动轮，输出转速比输入转速快，因此这类传动称为加速传动。

　　一辆小车的传动装置是设计的核心环节，选择不同的动力传导方式，小车就会有不同的运动方向和速度。新课标在物质科学领域中提出了"物体的运动可以用位置、快慢和方向来描述"这个大概念，我们就从方向变化和快慢变化两个方面来分别设计制作六种小车：逆风行驶小车、侧风行驶小车、上风行驶小车、变速行驶小车、齿轮变挡小车和带轮变挡小车。

　　在逆风行驶小车的设计制作活动中，用到的齿轮一共有3个，包括1个蜗轮、1个单层齿轮和1个双层齿轮。当吹风机吹动风扇叶片时，风能转化为转动动能,再通过蜗轮、双层齿轮和单层齿轮逐级将动能传递到车轮,实现小车的向前逆风行驶。小车能逆风向前行驶的关键在于传动装置中使用了蜗轮,它可以使风扇叶片的转动方向旋转90度,进而使车轮向前转动。

在侧风行驶小车的设计制作活动中,用到的齿轮一共有3个,包括1个小齿轮、1个单层齿轮和1个双层齿轮。当吹风机从侧面吹动风扇叶片时,风能转化为转动动能,通过小齿轮、双层齿轮和单层齿轮逐级将动能传递到车轮,实现小车的水平向前行驶。小车能水平向前行驶的关键在于风扇叶片的转动方向与车轮一致,因此传动装置不需要使用蜗轮。

在上风行驶小车的设计制作活动中,用到的齿轮一共有4个,包括1个小齿轮、1个单层齿轮、1个双层齿轮和1个异形齿轮。当吹风机从上面吹动风扇叶片时,风能转化为转动动能,通过小齿轮、异形齿轮、双层齿轮和单层齿轮逐级将动能传递到车轮,实现小车的向前逆风行驶。小车能水平向前行驶的关键是在传动装置中使用了异形齿轮,它可以使风扇叶片的转动方向旋转90度,进而使车轮向前转动。

在变速行驶小车的设计制作活动中,用到的齿轮一共有4个,包括1个小齿轮、1个单层齿轮、1个双层齿轮和1个异形齿轮。为了探究齿轮对小车行驶速度的影响,需要制作两辆用于做对比实验的小车。两辆车只有一点不同,就是有一辆小车不安装双层齿轮。对比测试时,用两个相同的吹风机分别吹动两个风扇叶片,观察两辆小车的行驶状态有什么不同。

在齿轮变挡小车的设计制作活动中,电动机可以将电能转化为转动动能并传递到与之相连的小齿轮,再通过双层齿轮将动能传递到单层齿轮,进而传递到车轮,实现小车的运动。挡位扳手停在最外侧时,有两个双层齿轮运转;挡位扳手停在中间时,有4个双层齿轮运转;挡位扳手停在最内侧时,有6个双层齿轮运转。通过双层齿轮运转的个数来实现小车的变速。

在带轮变挡小车的设计制作活动中,电动机将电能转化为转动动能并传递到与之相连的小齿轮，再通过单层齿轮将动能传递到带轮，进而传递到车轮，实现小车的运动。用皮带将前面的小带轮和后面的大带轮相连，是低速挡；用皮带将前面的中带轮和后面的中带轮相连，是中速挡；用皮带将前面的大带轮和后面的小带轮相连，是高速挡。

通过本专题的六个设计制作活动，我们会发现齿轮传动小车的一些共同点：一是从动装置完全相同，都是将转动动能传递到四个车轮来实现小车的平稳运动；二是传动装置各不相同，但都能将驱动装置所产生的转动动能通过齿轮或带轮传递到车轮；三是驱动装置分为两类——一类是利用风扇叶片将风能转化为转动动能，另一类是利用电动机将电能转化为转动动能。

新课标在课程性质部分指出："小学科学课程是一门实践性课程。探究活动是学生学习科学的重要方式。小学科学课程把探究活动作为学生学习科学的重要方式，强调从学生熟悉的日常生活出发，通过学生亲身经历动手动脑等实践活动，了解科学探究的具体方法和技能，理解基本的科学知识，发现和提出生活实际中的简单科学问题，并尝试用科学方法和科学知识予以解决，在实践中体验和积累认知世界的经验，提高科学能力，培养科学态度，学习与同伴的交流、交往与合作。" 科学探究包括提出问题、做出假设、制订与实施研究方案、收集和分析数据、得出结论、表达交流、反思评价等要素，希望通过本专题的设计制作活动和对比探究活动，同学们可以进一步理解科学探究的具体方法和技能，能够对活动中所看到的现象进行深度思考，并提出自己的见解。

活动7　逆风行驶小车

【课标要求】

18：工程技术的关键是设计，工程是运用科学和技术进行设计、解决实际问题和制造产品的活动。

18.2：工程的核心是设计。

3—4年级：针对一个具体的任务，按照设计的基本步骤来设计一个产品或完成指定的任务。

【活动材料】

材料名称	数量	主要作用
车身支架	2	基础结构
车轮	4	使小车平稳行驶
风扇叶片	1	将风能转化为转动动能
齿轮	3	传递动能
钢轴	9	固定车架
小轴套	若干	固定齿轮
吹风机	1	提供风能

1．让学生观察齿轮。齿轮一共有3个：1个蜗轮、1个单层齿轮和1个双层齿轮，它们是小车传动的核心元件。蜗轮、单层齿轮和钢轴紧密配合，这样扇叶转动时会带动蜗轮转动，单层齿轮转动时也会带动车轮转动；双层齿轮和钢轴松弛配合，这样双层齿轮转动时不会带动其他元件转动。

2．让学生思考各个齿轮的作用。蜗轮的作用是接收风扇叶片的转动动能；单层齿轮的作用是将转动动能输出给车轮；双层齿轮的作用是将蜗轮的转动动能传递给单层齿轮。

【活动设计】

1. 逆风小车行驶的基本原理是当吹风机吹动风扇叶片时，由于扇叶表面存在弧形构造，因此只能沿顺时针方向转动，蜗轮与扇叶转动方向相同，也是沿顺时针方向转动；接下来蜗轮带动双层齿轮沿逆时针方向转动；双层齿轮小圆上的齿纹又会带动单层齿轮沿顺时针方向转动；而车轮与单层齿轮的转动方向相同，也是沿顺时针方向转动，进而在摩擦力的带动下小车向前逆风行驶。

2. 逆风小车主要由三个模块组成，其中驱动装置是吹风机和扇叶，传动装置是齿轮，从动装置是车轮。

【活动制作】

1. 安装从动模块。将单层齿轮安装在一个钢轴的中间位置并将两个前车轮安装在钢轴的两端，将两个后车轮安装在另一个钢轴的两端。

2. 安装传动模块。选取合适位置的孔洞，用较长钢轴贯穿两个支架，将双层齿轮安装在中间位置并用小轴套固定，使齿轮之间可以相互传动。

3. 安装驱动模块。用短钢轴贯穿支架，并在合适位置安装蜗轮，使齿轮之间可以相互传动。另一端安装好风扇叶片。

4. 验证齿轮的传动性。用手转动中间的双层齿轮，如果齿轮安装的位置合理，那么其他两个齿轮会顺畅地转动，车轮和扇叶也会跟着转动。反之，如果有个别齿轮转不动或者根本不转，则需要重新调整齿轮。

5. 进行测试。将安装好的小车放在水平地面上，用吹风机吹动风扇叶片，观察小车是否逆风行驶。

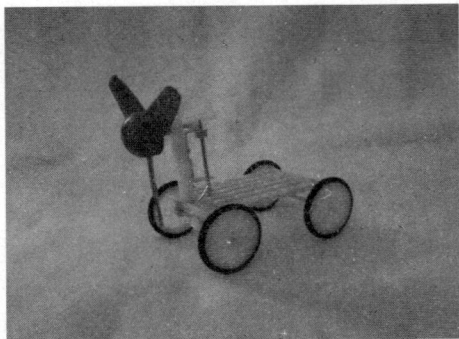

图2-1　逆风小车整体效果图

【活动反思】

1．通过对逆风小车行驶基本原理的了解和制作过程的体验，同学们能够利用现有材料制作出顺风行驶的小车吗？答案是可以的。通过对行驶原理的分析我们发现，每经过一次齿轮传动，转动方向就会改变一次。如果我们将中间的双层齿轮去掉，让蜗轮直接带动单层齿轮转动，那么单层齿轮就会沿逆时针方向转动，进而使小车向后顺风行驶。

2．在专题一的活动1"风力小车"中，我们制作了一个顺风行驶的小车，通过本次活动的学习与体验，同学们能够利用当时的材料制作出逆风行驶的小车吗？减少一个齿轮的方案可行吗？其实，当时的材料中一共有四个齿轮，中间有两个双层齿轮，如果去掉其中一个齿轮，就可以实现小车的逆风行驶。

【知识拓展①】

齿轮是应用最广的一种机械传动零件，具有结构紧凑、传递动力大、效率高、寿命长、可靠性好和传动比准确等特点。由于齿轮的精密锻压技术所具有的显著优点，因此它正日益受到各国研究人员的重视，得到了蓬勃发展。

齿轮精锻技术是指齿轮轮齿由坯料经过精密锻压直接获得完整的齿形，而齿面不需切削加工或仅需少许精加工即可进行使用的齿轮制造技术。与传统的切削加工工艺相比，齿轮精锻工艺具有三个特点：

第一，改善了齿轮的组织，提高了其力学性能。精锻使得金属材料的纤维组织沿齿形均匀连续分布，晶粒及组织细密，微观缺陷少，因此，精锻齿轮的性能优越，齿的弯曲强度、接触疲劳强度和耐冲击性明显高于切削齿轮。一般来说，精锻可使轮齿抗冲击强度提高约15%，抗弯曲疲劳寿命提高约20%。

---

①王向东，等．直齿圆柱齿轮精锻技术的发展现状与趋势［J］．锻压装备与制造技术，2006（2）：21—24．

第二，提高了生产效率和材料利用率。通过精锻成形，齿轮精度能够达到精密级公差标准，不需或仅需少量后续精加工，即可以进行热处理或直接投入使用，生产率和材料利用率高。

第三，精锻齿轮减少了热处理时的齿廓变形，提高了齿的耐磨性和齿轮啮合时的平稳性，提高了齿轮的使用寿命。

尽管齿轮锻造有许多优点，并且直伞齿轮精锻技术已成功地应用于生产，但由于直齿圆柱齿轮精锻具有齿形型腔充填困难、成形力大、模具设计与制造精度要求严格等特点，成形中遇到了许多困难。因此，今后直齿圆柱齿轮精锻技术将向以下三个方面发展：

第一，优化工艺和模具结构，提高模具的寿命，解决齿轮锻件的出模问题。为满足制造工艺的要求，在工艺设计和模具设计中，应以金属在精锻过程中的真实流动规律和变形力学特征为基础，优化模具结构、坯料形状尺寸等工艺参数，选用优质模具材料，使用合适的锻压设备，提高模具加工精度和使用寿命。

第二，改善精锻齿轮的质量和精度，提高齿轮生产率。齿轮制造工艺的发展，很大程度上表现在精度等级与生产效率的提高。在今后齿轮的精锻工艺的提升中，要掌握精锻过程中的金属变形流动规律以及各种工艺参数对工件质量的影响，提高产品质量，严格控制模具温度、锻造温度和润滑条件等工艺因素，减少因模具和锻件温度波动而造成的锻件尺寸误差，使直齿圆柱齿轮精锻向着净成形方向发展。

第三，充分运用各种计算机技术和数学理论，提高直齿圆柱齿轮精锻技术开发的效率。计算机技术的快速发展和数学理论的充分运用，提高了齿轮产品的设计精度和加工效率，促进直齿圆柱齿轮精锻技术的提高以及向产业化的发展。

活动8 侧风行驶小车

【课标要求】

18：工程技术的关键是设计，工程是运用科学和技术进行设计、解决实际问题和制造产品的活动。

18.3：工程设计需要考虑可利用的条件和制约因素，并不断改进和完善。

5-6年级：根据设计意图分析可利用的资源，简单评估完成一个产品或系统的可行性，预想使用效果。

【活动材料】

材料名称	数量	主要作用
车身支架	2	基础结构
车轮	4	使小车平稳行驶
风扇叶片	1	将风能转化为转动动能
齿轮	3	传递动能
钢轴	4	固定车架
小轴套	若干	固定齿轮
吹风机	1	提供风能

1. 让学生观察齿轮。齿轮一共有3个，包括1个小齿轮、1个单层齿轮和1个双层齿轮，它们是小车传动的核心元件。小齿轮、单层齿轮和钢轴紧密配合，这样扇叶转动时会带动小齿轮转动，单层齿轮转动时也会带动车轮转动；双层齿轮和钢轴松弛配合，这样双层齿轮转动时不会带动其他元件转动。

2. 让学生思考各个齿轮的作用。小齿轮的作用是接收风扇叶片的转动动能；单层齿轮的作用是将转动动能输出给车轮；双层齿轮的作用是将小齿轮的转动动能传递给单层齿轮。

【活动设计】

1. 侧风小车行驶的基本原理是当吹风机从侧面吹动风扇叶片时，由于扇叶表面存在弧形构造，因此只能沿顺时针方向转动，小齿轮与扇叶转动方向相同，也是沿顺时针方向转动；接下来小齿轮带动双层齿轮沿逆时针方向转动；双层齿轮小圆上的齿纹又会带动单层齿轮沿顺时针方向转动；而车轮与单层齿轮的转动方向相同，也是沿顺时针方向转动，进而在摩擦力的带动下小车向前行驶。

2. 侧风小车主要由三个模块组成，其中驱动装置是吹风机和扇叶，传动装置是齿轮，从动装置是车轮。

【活动制作】

1. 安装从动模块。将单层齿轮安装在一个钢轴的中间位置并将两个前车轮安装在钢轴的两端，将两个后车轮安装在另一个钢轴的两端。

2. 安装传动模块。选取合适位置的孔洞，将短钢轴固定在支架，将双层齿轮安装在中间位置并用小轴套固定，使齿轮之间可以相互传动。

3. 安装驱动模块。用短钢轴贯穿支架，并在合适位置安装小齿轮，使齿轮之间可以相互传动。另一端安装好风扇叶片。

4. 验证齿轮的传动性。用手转动中间的双层齿轮，如果齿轮安装的位置合理，那么其他两个齿轮会顺畅地转动，车轮和扇叶也会跟着转动。反之，如果有个别齿轮转不动或者根本不转，则需要重新调整齿轮。

图2-2　侧风小车整体效果图

5. 进行测试。将安装好的小车放在水平地面上，用吹风机吹动风扇叶片，观察小车是否侧风行驶。

【活动反思】

1. 通过对侧风小车行驶基本原理的了解和制作过程的体验，同学们能够利用现有材料制作出侧风向后行驶的小车吗？答案是可以的。如果我们将中间的双层齿轮去掉，让小齿轮直接带动单层齿轮转动，那么单层齿轮就会沿逆时针方向转动，进而使小车侧风向后行驶。

2. 请同学们仔细想一想，侧风行驶小车和活动7"逆风行驶小车"最主要的不同点在哪里？侧风小车的扇叶、小齿轮和两个大齿轮的旋转平面是平行的；而逆风小车扇叶的旋转平面与两个大齿轮的旋转平面是相互垂直的。为了让逆风小车的行驶方向与吹风机吹出的风力方向在一条直线上，我们使用了一个特殊的传动元件，即蜗轮，因为蜗轮可以实现空间方向的变换。

【知识拓展[①]】

齿轮是一种极为重要的机械零件，被广泛应用于各个领域，在工业生产方面发挥着不可替代的作用。在过去，人们往往忽视润滑在齿轮传动中的作用，只是一味地强调设计、加工、制造的重要性。实际上，在其传动过程中，啮合表面存在摩擦现象会导致磨损。机械工业每年所用掉的钢材，有一半是消耗在新生产的备件和设备上。而备件大部分是由于磨损寿命不高而失效的，因此造成的经济损失十分巨大。

齿轮是通过轮齿间的相互啮合来实现传动的。当轮齿表面凹凸部分（粗糙峰）远小于其间的润滑油膜厚度时，齿轮处于正常工作状态，轮齿不会发生摩擦或磨损。在多数齿轮传动过程中，齿轮齿面的磨损过程与众多机械零件一样，通常经历三个磨损阶段。通常在磨合期内，磨损率比较大，呈递降趋势。然后进入一个较长时间的稳定期，磨损率较小并保持不变。直至某一点，斜率陡升，意味着磨损急剧增大，失效即将发生。对于

---

①刘群. 齿轮润滑技术的研究与现状［J］. 现代零部件，2004（3—4）：96—97.

一些磨损过程，例如齿轮传动中发生的表面疲劳磨损，开始时磨损率可能为零，当工作时间达到一定数值后，点蚀开始出现并迅速扩展，磨损率迅速上升，很快发展为大面积剥落，最后导致完全失效。

降低磨损，最有效的方法是对齿轮传动进行合理润滑，以有效降低摩擦阻力和能源消耗，减少磨损和延长使用寿命，保证设备正常运转。实际上，齿轮传动处于部分膜弹性流体动力润滑状态。对于齿轮润滑技术而言一般应综合考虑两个因素：一是对齿轮润滑油膜在传动过程中所形成的压力分布和油膜厚度分布的分析，在计入润滑等因素的前提下，对齿轮进行进一步的优化设计。二是研制出新型的齿轮润滑油或润滑油添加剂，以提高齿轮传动的润滑效果。

齿轮润滑油的发展目标始终是在降低系统成本的同时提高油品性能。从20世纪80年代兼顾传动性能和齿轮洁净度两方面性能，直到如今的高性能齿轮油，齿轮油的配方发生了根本性的变化。现在这些具有更高性能的齿轮油与早期相比有许多优点：更好的密封适应性、燃料经济性、更佳的抗擦伤能力和抗磨损性能。齿轮油现今已发展到满足商用和汽车司机要求的具有良好性能的优质润滑剂。

我国是润滑油消耗大国，仅次于美、俄，占世界第三位。在我国工业生产中推广使用金属磨损自修复材料可以获得重大的经济效益。改用加有金属磨损自修复材料超细粉体和抗氧化剂的基础油，能够使现有的内燃机实现节能降耗。经过金属磨损自修复材料处理后的齿轮，其使用寿命可提高到原寿命的5倍以上。

我国自行研制出的液相纳米润滑油，在抗磨性、抗氧化性、热稳定性、耐高温高压等方面都有了大幅度提高，同时又消除了原有产品易沉淀、积炭，易分解形成酸腐蚀等弊端，成为21世纪最有发展前途的新型润滑材料。随着科学技术的不断进步，市场经济的高速发展，润滑油、润滑脂、添加剂等新型润滑材料大量涌现。

活动9　上风行驶小车

【课标要求】

18：工程技术的关键是设计，工程是运用科学和技术进行设计、解决实际问题和制造产品的活动。

18.3：工程设计需要考虑可利用的条件和制约因素，并不断改进和完善。

3-4年级：对自己或他人设计的想法、草图、模型等提出改进建议，并说明理由。在制作过程中及完成后进行相应的测试和调整。

【活动材料】

材料名称	数量	主要作用
车身支架	2	基础结构
车轮	4	使小车平稳行驶
风扇叶片	1	将风能转化为转动动能
齿轮	4	传递动能
钢轴	8	固定车架
小轴套	若干	固定齿轮
吹风机	1	提供风能

1. 让学生观察齿轮。齿轮一共有4个：1个小齿轮、1个单层齿轮、1个异形齿轮和1个双层齿轮，它们是小车传动的核心元件。小齿轮、单层齿轮和钢轴紧密配合，这样扇叶转动时会带动小齿轮转动，而单层齿轮转动时也会带动车轮转动；异形齿轮、双层齿轮和钢轴松弛配合，这样异形齿轮、双层齿轮转动时不会带动其他元件转动。

2. 让学生思考各个齿轮的作用。小齿轮的作用是接收风扇叶片的转动动能；单层齿轮的作用是将转动动能输出给车轮；异形齿轮、双层齿轮的作用是将小齿轮的转动动能传递给单层齿轮。

【活动设计】

1. 上风小车行驶的基本原理是当吹风机从上面吹动风扇叶片时，由于扇叶表面存在弧形构造，因此只能沿顺时针方向转动，小齿轮与扇叶转动方向相同，也是沿顺时针方向转动；接下来小齿轮会带动异形齿轮沿顺时针方向转动；异形齿轮小圆上的齿纹会带动双层齿轮沿逆时针方向转动；双层齿轮小圆上的齿纹又会带动单层齿轮沿顺时针方向转动；而车轮与单层齿轮的转动方向相同，也是沿顺时针方向转动，进而在摩擦力的带动下小车向前行驶。

2. 上风小车主要由三个模块组成，其中驱动装置是吹风机和扇叶，传动装置是齿轮，从动装置是车轮。

【活动制作】

1. 安装从动模块。将单层齿轮安装在一个钢轴的中间位置并将两个前车轮安装在钢轴的两端，将两个后车轮安装在另一个钢轴的两端。

2. 安装传动模块。选取合适位置的孔洞，用短钢轴依次将双层齿轮、异形齿轮安装在中间位置并用小轴套固定，使齿轮之间可以相互传动。

3. 安装驱动模块。用短钢轴贯穿支架，并在合适位置安装小齿轮，使齿轮之间可以相互传动。另一端安装好风扇叶片。

4. 验证齿轮的传动性。用手转动中间的双层齿轮，如果齿轮安装的位置合理，那么其他三个齿轮会顺畅地转动，车轮和扇叶也会跟着转动。反之，如果有个别齿轮转不动或者根本不转，则需要重新调整齿轮。

5. 进行测试。将安装好的小车放在水平地面上，用吹风机吹动风扇叶片，观察小车是否向前行驶。

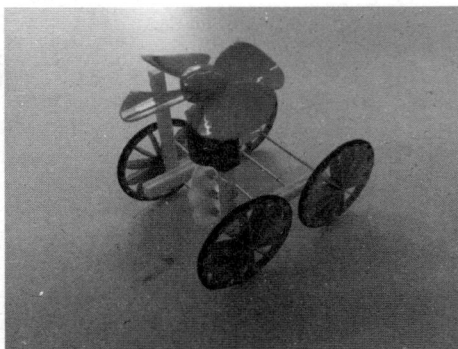

图2-3 上风小车整体效果图

【活动反思】

1. 通过对上风小车行驶基本原理的了解和制作过程的体验，同学们能够利用现有材料制作出从上面吹风却向后行驶的小车吗？答案是可以的。如果我们将中间的双层齿轮去掉，让异形齿轮小圆上的齿纹直接带动单层齿轮转动，那么单层齿轮就会沿逆时针方向转动，进而使上风小车向后行驶。

2. 请同学们仔细想一想，上风行驶小车和活动8"侧风行驶小车"最主要的不同点在哪里？侧风小车的扇叶、小齿轮和两个大齿轮的旋转平面是平行的；而上风小车扇叶的旋转平面与三个大齿轮的旋转平面是相互垂直的。为了让上风小车能够在水平方向上行驶，我们使用了一个特殊的传动元件，即异形齿轮，因为异形齿轮可以实现空间方向的变换。

【知识拓展①】

渐开线齿轮自1694年首次被研制成功以来，因其制造简单而沿用至今不衰。随着工业的迅速发展，比渐开线齿轮更为复杂的齿轮不断出现，其中首推弧齿锥齿轮和准双曲面齿轮这两种新型的锥齿轮。锥齿轮在相交轴传动中，由于其重合度高、传动平稳而被广泛应用于我国的汽车、拖拉机、机床、航空、航海等行业。新一代锥齿轮技术的发展趋势：绿色制造和低噪声、低消耗以及高耐用性。

锥齿轮在几何上非常复杂，其设计和制造方法密切相关，加工中的切齿调整方案直接影响着齿轮副的啮合质量。而我国在生产中广泛使用的用于锥齿轮设计与加工的各种计算卡和计算机软件大多停留在初期的水平，其切齿计算中的控制参数多，不易操作使用，切齿计算结果在很大程度上取决于操作者的经验和技术水平。

我国航空用锥齿轮的设计中对静态性能的考虑较多，而对动态性

---

① 张静，等. 我国锥齿轮技术的现状和发展动向［J］. 河南科技大学学报（自然科学版），2003，24（1）：40—42.

能考虑不足，因此可靠性与国外相比有较大差距。由此可见，关于锥齿轮的设计、加工和材料的讨论对于提高我国锥齿轮的设计水平、降低研制成本、提高产品质量，具有重要的理论和实践意义。

我国一直将锥齿轮技术的重点放在设计上，原因如下：一是设计是基础。设计不良，后续各环节很难弥补其不足；二是可以利用电脑进行优化设计、虚拟制造、虚拟产品设计；三是有助于转变设计者过分依靠现成标准手册的"惰性"；四是用设计带来的优势补偿我国在材质和制造上的弱势。

近年来，锥齿轮修形技术已广泛应用于航空、汽轮机等高速锥齿轮上，以降低噪声，矿山、冶金等重载齿轮采用修形技术改善齿面载荷分布与承载性能。锥齿轮修形的设计与加工已成为锥齿轮研究领域的一个重要组成部分。数控加工锥齿轮修形克服了传统加工方法的缺点，能够保证高精度的加工要求。

我国制造锥齿轮的材料主要是钢，其次是铸铁，在某些场合，也可使用非金属材料。从经济性考虑，在锥齿轮设计制造时，一般应优先选用价廉、易得的优质碳素钢，尽量少用或不用昂贵的合金钢。用于制造锥齿轮的非金属材料主要是塑料，如夹布胶木、木质塑料以及尼龙等。塑料锥齿轮的振动和噪音小，但其承载能力低，可用于高速轻载和要求低噪音的场合。国产材料加工的锥齿轮在齿面接触、齿根弯曲和齿面胶合三方面的承载能力比较差，有时热处理技术也落后，因此常导致锥齿轮的强度不高，噪音较大。

为满足锥齿轮传动的高精度、高效率的要求，采用优良的设计方法，先进的数控设备，同时采用数控加工锥齿轮修形，是当前齿轮制造行业主要的发展趋势。

活动10　变速行驶小车

【课标要求】

18：工程技术的关键是设计，工程是运用科学和技术进行设计、解决实际问题和制造产品的活动。

18.2：工程的核心是设计。

3-4年级：针对一个具体的任务，按照设计的基本步骤来设计一个产品或完成指定的任务。

【活动材料】

材料名称	数量	主要作用
车身支架	2	基础结构
车轮	4	使小车平稳行驶
风扇叶片	1	将风能转化为转动动能
齿轮	4	传递动能
钢轴	8	固定车架
小轴套	若干	固定齿轮
吹风机	1	提供风能

1．让学生观察齿轮。齿轮一共有4个，包括1个小齿轮、1个单层齿轮、1个异形齿轮和1个双层齿轮，它们是小车传动的核心元件。小齿轮、单层齿轮和钢轴紧密配合，这样扇叶转动时会带动小齿轮转动，而单层齿轮转动时也会带动车轮转动；异形齿轮、双层齿轮和钢轴松弛配合，这样异形齿轮、双层齿轮转动时不会带动其他元件转动。

2．让学生思考各个齿轮的作用。小齿轮的作用是接收风扇叶片的转动动能；单层齿轮的作用是将转动动能输出给车轮；异形齿轮、双层齿轮的作用是将小齿轮的转动动能传递给单层齿轮。

【活动设计】

1. 变速小车行驶的基本原理是当吹风机吹动风扇叶片时，由于扇叶表面存在弧形构造，因此只能沿顺时针方向转动，小齿轮与扇叶转动方向相同，也是沿顺时针方向转动；接下来小齿轮带动双层齿轮沿逆时针方向转动；双层齿轮小圆上的齿纹又会带动单层齿轮沿顺时针方向转动；而车轮与单层齿轮的转动方向相同，也是沿顺时针方向转动，进而在摩擦力的带动下小车行驶。

2. 变速小车主要由三个模块组成，其中驱动装置是吹风机和扇叶，传动装置是齿轮，从动装置是车轮。

【活动制作】

1. 安装从动模块。将单层齿轮安装在一个钢轴的中间位置并将两个前车轮安装在钢轴的两端，将两个后车轮安装在另一个钢轴的两端。

2. 安装传动模块。选取合适位置的孔洞，用短钢轴依次将双层齿轮、异形齿轮安装在中间位置并用小轴套固定，使齿轮之间可以相互传动。

3. 安装驱动模块。用短钢轴贯穿支架，并在合适位置安装小齿轮，使齿轮之间可以相互传动。另一端安装好风扇叶片。

4. 制作另一辆用于对比实验的小车。新的小车与原来的小车只有一点不同，就是不安装双层齿轮。

5. 进行对比测试。将安装好的两辆小车并排放在水平地面上，用两个相同的吹风机分别吹动两个风扇叶片，观察两辆小车的行驶状态有什么不同。

【活动反思】

1. 通过对比实验我们发现，当减少一个齿轮后，小车依然可以

图2-4　齿轮变速实验探究

行驶但行驶方向发生了变化，由向前行驶变为向后行驶；小车的行驶速度也发生了变化，速度比之前快了。这是由于在本次制作的小车中小齿轮与异形齿轮、异形齿轮与双层齿轮、双层齿轮与单层齿轮的配合都属于小齿轮带动大齿轮转动的情形，因此是逐级减速的传动方式。如果去掉双层齿轮，就会减少一次减速，因而小车的行驶速度就会加快。

2. 在活动7"逆风行驶小车"、活动8"侧风行驶小车"和活动9"上风行驶小车"的活动反思中，我们都采用减少一个齿轮的方案来实现小车行驶方向改变的目的。参考本次活动的对比实验结果，上述方案在改变小车行驶方向的同时，也一定会改变小车行驶的速度。同学们不妨将对比实验的探究方法应用在其他的活动中，看看能不能得到类似的结果。

【知识拓展①】

螺旋伞齿轮是实现相交轴运动传递的基础元件，常用于圆周速度较高，要求传动平稳和噪音较小的传动中。其制造精度、质量直接影响机器设备的效率、运动精度、使用寿命等。与直伞齿轮相比，在使用上螺旋伞齿轮具有传动平稳、噪音低、齿面磨损均匀、使用寿命长、可以实现大的传动比等特点，是经历了一个漫长的历史过程而发展起来的机械传动技术，同时又是面临工程实践挑战而充满发展机遇的技术。

螺旋伞齿轮的精锻具有节材、节能、低成本、高效率等显著优势，并且有助于在齿轮内部形成致密、均匀的材料组织，沿齿形轮廓具有连续合理的金属流线，形成表面加工硬化层及圆滑过渡的齿根，从而大大提高耐磨损、抗腐蚀能力及根部的弯曲强度，明显改善齿轮的疲劳性能。然而，就螺旋伞齿轮精锻而言，由于零件几何形状复杂，影响因素多，成形难度大，成形规律的研究比较薄弱。

---

①皇涛，等. 螺旋伞齿轮精锻工艺研究现状与发展趋势［J］. 热加工工艺，2009，38（13）：110—113.

　　随着科技的发展，模具材料性能、加工技术和压力机性能的提高，螺旋伞齿轮精锻技术也在不断地进步和发展。螺旋伞齿轮以其用途广、需求量大等特点，会不断吸引着国内外专家学者致力于螺旋伞齿轮精锻工艺的各个环节的研究。现阶段国际上齿轮精锻的发展趋势是高精度，很多锻件已实现了少、无切削加工，可以直接用于装配。像螺旋伞齿轮、直伞齿轮温锻后再进行一道冷挤压工序，或温锻后在保护气氛炉内进行热处理，表面喷砂清理后就能达到精度，不需进行切削加工。据调查，国外的精锻螺旋伞齿轮已经实现，并且制造出来的螺旋伞齿轮精度高，已开始广泛用于汽车工业。采用与开式精锻工艺相比具有节约原材料，齿面精度高，避免了齿模退火和热疲劳早期失效等优点的闭塞式模锻方案，可以实现零件的少切削加工，仅需一次加热即可进行齿圈毛坯的精锻成形，锻件无飞边，齿面可以达到半精切水平。齿轮的冷摆辗成形也是一种新的成形方法，采用该方法可以省去加热设备及有关的能源消耗，且由于摆辗件金属纤维分布合理，加之摆辗过程中的强化，可大大提高成品零件的机械强度，加工精度和表面质量亦大大改善。同时冷摆辗设备的出现以及其工艺技术的发展，为螺旋伞齿轮的制造加工开辟了一条全新的道路。其研究应用正日益受到世界各国的重视。

　　目前，我国汽车工业等行业实现了突飞猛进的发展，必将对精锻螺旋伞齿轮在精度、性能、质量等方面提出更高的要求，也必将推动螺旋伞齿轮精锻技术更高、更快的发展。齿轮精锻工艺代表着一个国家的机械制造技术水平，发展螺旋伞齿轮精锻技术不仅可以加快我国机械工业的发展步伐，提高整个行业机械产品的水平，缩小与世界先进技术水平的差距，而且可以成为节约材料、降低能耗的重要途径，从而为机械工业带来巨大的经济效益。

活动11 齿轮变挡小车

【课标要求】

18：工程技术的关键是设计，工程是运用科学和技术进行设计、解决实际问题和制造产品的活动。

18.3：工程设计需要考虑可利用的条件和制约因素，并不断改进和完善。

5-6年级：根据设计意图分析可利用的资源，简单评估完成一个产品或系统的可行性，预想使用效果。

【活动材料】

材料名称	数量	主要作用
车盘底座	1	基础结构
车轮	4	使小车平稳行驶
小电动机	1	将电能转化为转动动能
钢圈、螺钉	1组	固定小电动机
开关、导线	1组	控制电路开闭
电池	2	提供电能
齿轮	10	传递动能
钢轴	6	连接车轮、齿轮

1. 让学生观察齿轮。齿轮一共有10个，包括3个小齿轮、1个单层齿轮和6个双层齿轮，它们是小车传动的核心元件。小齿轮、单层齿轮和钢轴紧密配合，这样电动机转动时会带动小齿轮转动，单层齿轮转动时也会带动车轮转动；双层齿轮和钢轴松弛配合，这样双层齿轮转动时不会带动其他元件转动。

2. 让学生思考各个齿轮的作用。小齿轮的作用是接收电动机的转动动能；单层齿轮的作用是将转动动能输出给车轮；双层齿轮的作用是将小齿轮的转动动能传递给单层齿轮。

【活动设计】

1. 齿轮变挡小车行驶的基本原理是当开关闭合后，电动机将电能转化为转动动能并传递到与之相连的小齿轮，再通过双层齿轮将动能传递到单层齿轮，进而传递到车轮，实现小车的运动。挡位扳手停在最外侧时，有2个双层齿轮运转；挡位扳手停在中间时，有四个双层齿轮运转；挡位扳手停在最内侧时，有六个双层齿轮运转。通过调整双层齿轮运转的个数来实现小车的变速。

2. 齿轮变挡小车主要由三个模块组成，其中驱动装置是电池和电动机，传动装置是齿轮，从动装置是车轮。

【活动制作】

1. 安装从动模块。用长钢轴贯穿车盘的底座并连接车轮，将单层齿轮安装在前面长轴靠近左侧车轮的位置。

2. 安装传动模块。将小齿轮安装在电动机输出短轴的端部，然后用钢圈和螺钉将电动机固定在底座上。将六个双层齿轮依次固定在钢轴上。

3. 安装驱动模块。将电池盒固定在底座上，然后用导线连接好电动机的两极。先断开开关，再将两节电池按对应的正负极放入电池盒内。

4. 进行测试。将安装好的小车放在水平地面上，将开关闭合，观察小车是否向前行驶。依次改变小车的挡位，观察小车的速度是否改变。

图2-5　齿轮变挡小车整体效果图

【活动反思】

1. 由于本次制作的小车中小齿轮与双层齿轮、双层齿轮与双层齿轮、双层齿轮与单层齿轮的配合都属于小齿轮带动大齿轮转动的情形，因此是逐级减速的传动方式。当六个双层齿轮运转时，小车的行驶速度最慢；每减少两个双层齿轮，小车的速度就会加快；当共有两个双层齿轮运转时，小车的速度最快。

2. 由于减少一个齿轮在改变小车行驶速度的同时，也一定会改变小车行驶的方向，因此在本次制作的小车中每次挡位的变换，都是减少两个双层齿轮，这样既能改变小车行驶的速度，又不会改变小车行驶的方向，便于我们的观察。当然，同学们可以在现有基础之上，增加一个倒车挡，比如当有五个双层齿轮运转时，小车行驶的方向会与原来的有三个挡位时不同。

【知识拓展①】

谐波齿轮传动技术是20世纪50年代后期随航天技术的发展而产生的一种新型传动技术。谐波齿轮传动装置的传动原理与普通齿轮传动的传动原理有着本质的区别，它是利用机械波控制柔性齿轮的弹性变形来实现传递运动和力的一种新型传动装置。谐波齿轮传动装置在传递运动或动力时，其弹性元件将产生一个可移动的变形波，即柔轮各点的径向位移随转角的变化情况为一个基本对称的简谐波，因此把这种传动称为谐波传动。

与普通齿轮传动相比较而言，谐波齿轮传动具有结构简单、零件少；体积小、重量轻；传动比大、范围广，且在传动比很大的情况下，仍具有较高的效率；由于同时啮合的齿数多，齿面相对滑动速度低，使其承载能力高、传动平稳、运动精度高，可实现零侧隙传动；在采用如电磁波发生器或圆盘波发生器等结构型时，可获得较小转动惯量；谐波传动的噪声级低于一般的齿轮传动；并且具有运动学方面适应性广、结构形式多种多样、适用的载荷和转速范围宽的特点。此外，谐波齿轮传动还有可以向密封空间传递运动和动力的优点。但同

时，谐波齿轮传动也存在一些问题，如：柔轮周期性变形，工作情况恶劣，从而易于疲劳损坏；起动力矩大；齿数不能太少等。

由于谐波传动具有许多独特的优点，近几十年来，已被迅速推广到能源、通信、机床、仪器仪表、机器人、汽车、造船、纺织、冶金、常规武器、精密光学设备、印刷机以及医疗器械等领域，获得了广泛的应用。国内外的应用实践证明，无论是作为高灵敏度随动系统的精密谐波传动，还是作为传递大转矩的动力谐波传动，都表现出了良好的性能；作为空间传动装置和用于操纵高温、高压管路以及在有原子辐射或其他有害介质条件下工作的机构，更是显示出一些其他传动装置难以比拟的优越性。

谐波齿轮传动的使用日益广泛，为了满足各种用户的使用需求，也对谐波齿轮传动提出了越来越高的要求，在满足各种性能要求的前提下，研究设计合理的结构参数，开发新的谐波齿轮传动系列，也是当前研究的热点。例如关于缩减轴向尺寸的研究，主要是为了满足机器人、伺服控制系统等对很小安装尺寸空间的要求。这方面的研究成果能够带来显著的经济效益。

谐波齿轮传动技术的诸多独特优点使其拥有广泛的应用前景。目前，虽然谐波传动的研究已经取得了很大的进展，但仍然存在一些需要进一步研究解决的问题，如全面合理地考虑非线性因素，建立较为完整的非线性动力学模型来研究谐波齿轮传动系统的动力学特性；开发出适用于不同批量的具有一定柔性的加工方法；新的更加合理的齿形的研究等。

活动12　带轮变挡小车

【课标要求】

18：工程技术的关键是设计，工程是运用科学和技术进行设计、解决实际问题和制造产品的活动。

18.3：工程设计需要考虑可利用的条件和制约因素，并不断改进和完善。

3-4年级：对自己或他人设计的想法、草图、模型等提出改进建议，并说明理由。在制作过程中及完成后进行相应的测试和调整。

【活动材料】

材料名称	数量	主要作用
车盘底座	1	基础结构
车轮	4	使小车平稳行驶
小电动机	1	将电能转化为转动动能
钢圈、螺钉	1组	固定小电动机
开关、导线	1组	控制电路开闭
电池	2	提供电能
齿轮	2	传递动能
带轮	3	传递动能
钢轴	6	连接车轮、齿轮

1．让学生观察齿轮和带轮。齿轮和带轮一共有5个，包括1个小齿轮、1个单层齿轮和3个带轮，它们是小车传动的核心元件。小齿轮、单层齿轮和钢轴紧密配合，这样电动机转动时会带动小齿轮转动，单层齿轮转动时也会带动带轮转动；带轮和钢轴松弛配合，这样双层齿轮转动时不会带动其他元件转动。

2．让学生思考各个齿轮和带轮的作用。小齿轮的作用是接收电动机的转动动能；单层齿轮的作用是将转动动能输出给带轮；带轮的作用是将单层齿轮的转动动能逐级传递给车轮。

【活动设计】

1．带轮变挡小车行驶的基本原理是当开关闭合后，电动机将电能转化为转动动能并传递到与之相连的小齿轮，再通过单层齿轮将动能传递到带轮，进而传递到车轮，实现小车的运动。用皮带将前面的小带轮和后面的大带轮相连，是低速挡；用皮带将前面的中带轮和后面的中带轮相连，是中速挡；用皮带将前面的大带轮和后面的小带轮相连，是高速挡。

2．带轮变挡小车主要由三个模块组成，其中驱动装置是电池和电动机，传动装置是齿轮和带轮，从动装置是车轮。

【活动制作】

1．安装从动模块。用长钢轴贯穿车盘的底座并连接车轮，将单层带轮上的皮筋套在前面车轮轴的左侧位置。

2．安装传动模块。将小齿轮安装在电动机输出短轴的端部，然后用钢圈和螺钉将电动机固定在底座上。将2个三层带轮依次固定在钢轴上。

3．安装驱动模块。将电池盒固定在底座上，然后用导线连接好电动机的两极。先断开开关，再将两节电池按对应的正负极放入电池盒内。

4．进行测试。将安装好的小车放在水平地面上，将开关闭合，观察小车是否向前行驶。依次改变小车的挡位，观察小车的速度是否改变。

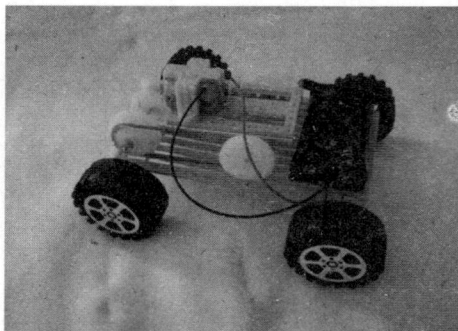

图2-6　带轮变挡小车整体效果图

【活动反思】

1．前面的带轮和后面的带轮都各有大中小三种，那么它们就有九种组合情况，其中用皮带将前面的小带轮和后面的大带轮相连，小车的行驶速度最慢；用皮带将前面的大带轮和后面的小带轮相连，小车的速度最快。和齿轮传递类似，只要是大轮带小轮，小车的行驶速度就比较快；要是小轮带大轮，小车的行驶速度就比较慢。

2. 虽然理论上有九种组合，但实际上只有五种。比如同等尺寸带轮相连，无论大中小轮，小车的速度都是一样的。另外，前面的大带轮与后面的中带轮相连和前面的中带轮和后面的小带轮相连，小车的速度是一样的。同理，前面的中带轮与后面的大带轮相连和前面的小带轮和后面的中带轮相连，小车的速度也是一样的。

【知识拓展①】

带传动是机械传动学科的一个重要分支，主要用于传递运动和动力。它是机械传动中重要的传动形式，也是机电设备的核心连接部件，种类异常繁多，用途极为广泛。最大特点是可以自由变速，远近传动，结构简单，更换方便。带传动根据其传动原理可分为摩擦型和啮合型两大类。摩擦型带传动包括平带传动、V带传动、多楔带传动以及双面V带传动、圆型带传动等。啮合型带传动即同步带传动。

随着工业技术水平的不断提高，带传动在各种机械设备传动中的应用越来越广泛，并在一定范围内代替了齿轮传动和链传动。为适应高速化、轻量化、精密化、省力化和长寿命、低噪声的要求，我国提出传动带应向"四化"结构发展，即骨架材料聚酯化、结构线绳化、胶料氯丁化和底胶短纤维定向化，从而促进了带传动理论与技术的发展。

从大到几千千瓦的巨型电机，小到不足一个千瓦的微型电机，甚至包括家用电脑、机器人等精密机械在内都离不开带传动。作为带传动中的主体部件传动带也由原来的易损件向功能件方向转变，其品种

---

①诸世敏，等. 带传动理论与技术的现状与展望［J］. 机械传动，2007，31（1）：92—95.

规格向多样性发展，由传统的普通包布V带和普通平带发展成为窄V带、宽V带、联组V带、切边带、多楔带、同步带、绳芯平带和片基平带等。这些传动带已广泛应用于汽车、机械、纺织、家电、轻工、农机等各个领域。可以说，从原始机械到现代自动设备都有带传动的身影，产品也历经多次演变，技术日臻成熟，并在国民经济和人民日常生活中发挥着愈来愈重要的作用。

由于机械设备不断向高精度、高速度、大功率、长寿命、低噪声、低成本和紧凑化发展，使得近年来的带传动产品在保证一定强度的条件下逐步向轻薄方向发展。过去一直在使用方面占绝对优势的普通V带传动出现下降趋势，同步带传动、多楔带传动、窄V带传动和复合平带传动的应用持续增长。如同步带传动用于汽车发动机中正时系统、机床、纺织机械等行业，多楔带传动在汽车发动机辅助设备以及各类机械装备中的应用等，使同步带传动、多楔带传动的应用大幅度增加。

近年来对带传动安全性、多样性的要求也日益增多，如难燃带、抗静电带等。同时，除用于传递运动和动力外，由于传动带的品种增加，带的背面可制成各种输送结构，用于传递信号、控制开关等，使它更为广泛地应用于各行各业。进入21世纪，为适应新产品、新工艺的需求，传动带生产设备将不断采用相关行业的新技术、新产品，增加品种和提高质量，配套更加完善、合理，并逐步实现系列化。

专题三　反冲动力小车设计制作活动

"让我们荡起双桨，小船儿推开波浪……"这两句歌词，为我们描述了一个科学现象，那就是一只船停在水面上，如果我们将船桨放在水中，用力向后划水，水就会向后运动，同时会给船桨一个向前的反作用力，因此船就可以向前行驶。当我们不再用力划桨时，船就会慢慢地停下来。相反地，如果我们用力向前划水，水也会给船桨一个向前的反作用力，船也会向后行驶。

牛顿第三定律告诉我们：相互作用的两个物体之间存在作用力和反作用力。它们互相依赖互为依存，均以对方存在为自己存在的前提，没有反作用力的作用力是不存在的。它们总是大小相等，方向相反，分别作用在两个不同的物体上，各自产生的作用效果不同。比如将气球里的气体喷出时，会产生一个和喷出方向相反的推力，这个力就叫反冲力。气球在反冲力作用下的运动叫反冲运动。

一辆小车的动力来源是设计的初始环节，选择不同能源来提供持续的动力，就会有不同的驱动装置。新课标在物质科学领域中提出了"力作用于物体，可以改变物体的形状和运动状态"这个大概念，我们就选取六种典型的空气反冲力作为驱动装置来分别设计制作气球反冲小车、弹力反冲小车、电动反冲小车、万向反冲小车、太阳能反冲小车和化学能反冲小车这六种小车。

气球是充满空气或某种别的气体的一种密封袋。气球不但可以作为玩具、装饰品，还可以作为运输工具。如果气球足够大，里面的气体又轻于同体积的空气，那么当它产生的浮力超过气囊和附带物体的重量时，气球就可上升。在气球反冲小车的设计制作活动中，我们用气球存储风能，在气球恢复原状过程中通过喷气嘴向外均匀喷出气体，而小车自身会受到一个方向相反的空气反冲力，进而推动小车运动。

物体受外力作用发生形变后，若撤去外力，物体能恢复原来形状的力，叫作弹力，它的方向跟使物体产生形变的外力的方向相反。在弹力反冲小车的设计制作活动中，我们用橡皮筋提供弹性势能，通过橡皮筋恢复原状过程中所产生的回弹力带动扇叶转动，使橡皮筋中存储的弹性势能转化为转动动能，再通过扇叶转动产生向前的风力，而小车自身会受到向后的反冲力，进而推动小车运动。

小型直流电动机由定子与转子组成，当小电动机的两极接通电源后，由于通电线圈会受到磁场的作用力，因此小电动机会快速转动。在电动反冲小车的设计制作活动中，我们用电池提供电能，用电动机将电能转化为转动动能，进而带动风扇叶片转动，再通过风扇叶片转动产生向前的风力，而小车自身会受到向后的空气反冲力，进而推动小车运动。

万向转盘是用来在工作过程中相对位置不断改变的两部分间传递动力的装置。它主要由万向节、圆盘和支撑部件组成。万向节即万向接头，是实现变角度动力传递的零件，是万向传动装置的关节部件。在万向反冲小车的设计制作活动中，我们用电动机将电能转化为转动动能，进而带动万向转盘和风扇叶片转动，通过调整万向转盘的位置，可以改变扇叶产生风力的方向，小车也会因此改变运动方向。

太阳能是指太阳的热辐射能，主要表现就是常说的太阳光线。在化石燃料日趋减少的情况下，太阳能已成为人类使用能源的重要组成部分，并不断得到发展利用。在太阳能反冲小车的设计制作活动中，我们用太阳能板将太阳能转化为电能，用电动机将电能转化为转动动能，进而带动风扇叶片转动，再通过风扇叶片转动产生向前的风力，而小车自身会受到向后的空气反冲力，进而推动小车运动。

化学能是一种很隐蔽的能量，它不能直接用来做功，只有在发生化学变化的时候才可以被释放出来，变成热能或者其他形式的能量。在化学能反冲小车的设计制作活动中，我们用盐水电池将化学能转化为电能，用电动机将电能转化为转动动能，进而带动风扇叶片转动，再通过风扇叶片转动产生向前的风力，而小车自身会受到向后的空气反冲力，进而推动小车运动。

通过本专题的六个设计制作活动，我们会发现反冲动力小车的一些共同点：一是从动装置完全相同，都是将转动动能传递到四个车轮来实现小车的平稳运动；二是都没有传动装置，都是利用风扇叶片转动所带来的空气反冲力推动小车运动；三是驱动装置分为两类——一类是利用机械装置将能量直接转化为转动动能，如气球、橡皮筋，另一类是利用电学装置将能量先转化为电能，再通过电动机将电能转化为转动动能，如太阳能板、盐水电池。

新课标在课程的基本理念部分指出："科学探究是人们探索和了解自然、获得科学知识的重要方法。以证据为基础，运用各种信息分析和逻辑推理得出结论，公开研究结果，接受质疑，不断更新和深入，是科学探究的主要特点。小学科学课程的学习方式是多种多样的，探究式学习是学生学习科学的重要方式。探究式学习是指在教师的指导、组织和支持下，让学生主动参与、动手动脑、积极体验，经历科学探究的过程，以获取科学知识、领悟科学思想、学习科学方法为目的的学习方式。"希望通过本专题的设计制作活动，同学们可以进一步理解作用力和反作用力原理，并尝试用科学方法和科学知识对生活中的反冲现象给出自己的解释，进一步对比思考本专题的设计制作活动与专题一之间的相同点与不同点。

活动13 气球反冲小车

【课标要求】

18：工程技术的关键是设计，工程是运用科学和技术进行设计、解决实际问题和制造产品的活动。

18.3：工程设计需要考虑可利用的条件和制约因素，并不断改进和完善。

3-4年级：对自己或他人设计的想法、草图、模型等提出改进建议，并说明理由。在制作过程中及完成后进行相应的测试和调整。

【活动材料】

材料名称	数量	主要作用
车身支架	4	基础结构
车轮	4	使小车平稳行驶
气球	1	存储空气
喷气嘴	1	使空气快速喷出
钢轴	3	固定车轮
橡皮筋	2	扎紧气球

1. 让学生观察气球。气球是充满空气或某种别的气体的一种密封袋。气球不但可以作为玩具、装饰品，还可以作为动力装置。优质的气球是用环保的橡胶做成的，这样不仅安全且不易破裂，还可以让气球里的空气均匀喷出。

2. 让学生测试气球。试着用嘴吹起气球时，尽量让学生用最小的力气去吹。因为逆流的气体对肺会有不良影响而且用嘴吹气时若不慎弄破气球，弹回的气球可能会对眼球造成伤害。因此推荐使用气球专用手推打气筒给气球充气。

【活动设计】

1. 气球反冲小车行驶的基本原理是在气球充满气的情况下，气球在恢复原状过程中通过喷气嘴向外均匀喷出气体，而小车自身会受到一个方向相反的空气反冲力，进而推动小车运动。当气球恢复原状后，不再向外喷气，小车因失去动力来源会慢慢地停下来。

2. 气球反冲小车主要由两个模块组成，其中驱动装置是气球和喷气嘴，从动装置是车轮。

【活动制作】

1. 安装从动模块。将两根长钢轴贯穿车身支架的前端和后端，将四个车轮分别安装在两根钢轴的两端。

2. 安装驱动模块。将喷气嘴安装在后车架的中间位置，将气球充满气，并用橡皮筋扎好出气口，将气球的出气口套在喷气嘴上。调整喷气嘴位置，使出气方向尽量保持水平。

3. 进行测试。将安装好的小车放在水平地面上，用手迅速解开扎在气球出气口上的橡皮筋，让气球自然恢复，当气球中储存的气体通过喷气嘴向外均匀喷出时，观察小车是否快速行驶。

图3-1　气球反冲小车整体效果图

【活动反思】

1. 喷气嘴的主要作用是将气球中的气体均匀地喷射出去。此时我们需要思考一个问题：如果我们不安装喷气嘴，而是直接将气球绑在小车上，那又会如何呢？比如我们用手捏着气球的出气口，当我们撒手后，气球中储存的气体会快速地无规则地喷出，在空气反冲力的作用下，小车会摇摇晃晃地向后运动。同理，当我们解开扎在气球出气口的橡皮筋时，如果没有喷气嘴，小车也会摇摇晃晃地向后运动，而且很快就会停下来。同学们不妨拆下喷气嘴，重新测试一下我们的小车。

2. 请同学们仔细想一想，气球反冲小车和活动1"风力小车"最主要的不同点在哪里？风力小车将吹风机吹出的风能，经过风扇叶片转化为转动动能，通过齿轮将动能传递到车轮来实现小车的运动；而气球反冲小车则是在空气反冲力的作用下被推动，不需要传动装置，因此结构简单、操作方便，但是承载能力较差，车身较轻，运动时容易打晃。

【知识拓展①】

航空体育旅游是以航空体育为载体所进行的探险、娱乐、健身、观赏等游览活动，是区域旅游产业转型升级的新方向之一，同时也是新型旅游消费需求的焦点之一，作为一种新兴的旅游活动给游客带来了全新的视觉冲击和心灵感受，受到越来越多的人青睐。航空体育旅游的开发涉及基础设施、航空器具、专业人才、航空组织、旅游宣传等多方面的内容。

例如新疆特克斯航空体育旅游基地，建有标准轻型飞机跑道、机库、指挥塔等设施，主要开展双座硬翼三角翼飞机、双人动力滑翔伞、双人山坡滑翔伞等旅游项目；福建龙岩直升机体验基地，建设了起飞区、飞行区、联络道、停机坪、航站楼、机库、塔台等，重点开发空中体验式旅游，满足高端度假的个性化需求；四川洪雅航空休闲基地，主要开展直升机与小型固定翼的旅游、培训、商务飞行等，以打造高端、一流航空休闲旅游基地为目标；内蒙古包头航空运动旅游基地，建有小型通用机场、航空运动旅游度假中心、飞行俱乐部及国家航空体育项目基地等，主要开展直升机、热气球、动力伞等观光体验项目。

当前我国航空体育旅游开发的项目非常多，根据旅游者参与目的

---

①秦海生，等. 我国航空体育旅游发展现状、问题及对策［J］. 体育文化导刊，2017（12）：107—111.

与动机的不同，航空体育旅游主要分为三大类：第一，休闲参观型。主要包括参观游览航空博物馆、航空主题乐园、航空体育节、航空体育表演与比赛、模拟飞行、航空博览会等。例如重庆模拟飞行馆提供真实模拟活动，给体验者带来视觉、听觉、触觉的真实感受，如感受驾驶飞机起降、翻转、空战、超重、失重与魔幻场景穿越等；秦皇岛飞行大世界航空主题公园主要开展飞行体验、航空夏令营、飞行装备展览、飞行培训等航空休闲活动。第二，刺激体验游。主要包括亲身体验滑翔伞、直升机、热气球、动力伞、水上飞机、跳伞等运动项目。第三，奢侈享受游。主要包括结婚游、私人订制游、度假游、主题游等，消费极其昂贵。

文化是航空体育旅游的灵魂，只有把独特的地域文化与航空体育旅游充分结合起来，才能使其独具特色，具有旺盛的生命力，实现可持续发展。当前我国航空体育旅游的发展没有体现出独特的设计和丰富的文化内涵，例如低空观光游没有与最能呈现特色风光的高山峻岭、冰川峡谷、潭溪瀑布、原始森林、沙漠草甸等相结合，航空体验游没有与最能体现记录直观感受的视频、照片等相结合，航空纪念品设计没有与最能展现当地特色历史文化相结合等。因此当前应从旅游地的自然环境、历史渊源、民族风俗、审美情趣、饮食服饰等因素中提炼独特的文化元素，采用现代化的包装手段和营销技巧，再通过丰富多彩的表现形式把其融入航空体育旅游的开发与设计当中，从而展现航空体育旅游的时代特征、创新精神和文化内涵，创造鲜明、新奇的效果，打造出高层次、差异化、特色化的航空体育旅游精品路线。

活动14　弹力反冲小车

【课标要求】

18：工程技术的关键是设计，工程是运用科学和技术进行设计、解决实际问题和制造产品的活动。

18.2：工程的核心是设计。

3-4年级：针对一个具体的任务，按照设计的基本步骤来设计一个产品或完成指定的任务。

【活动材料】

材料名称	数量	主要作用
车身支架	4	基础结构
车轮	4	使小车平稳行驶
橡皮筋	1	将弹性势能转化为转动动能
扇叶	1	形成风力
钢轴	3	固定车轮
套管	1	固定橡皮筋

1. 让学生观察橡皮筋。橡皮筋是一种用橡胶与乳胶做成的短圈，具有伸长率大、回弹性好、使用方便等特点。当我们用力拉橡皮筋时，它会变长，同时会产生回弹力。拉力越大，橡皮筋抻得越长，产生的回弹力也越大。当我们不再用力拉橡皮筋时，它会迅速恢复原来的形状。

2. 让学生观察车轮。车轮一共有四个，车轮的表面比较光滑，这样可以尽量减少车轮与地面之间的摩擦力，提高小车的行驶能力。

【活动设计】

1. 弹力反冲小车行驶的基本原理是当用手转动扇叶时，橡皮筋被拧紧，然后通过橡皮筋恢复原状过程中所产生的回弹力带动扇叶转动，使橡皮筋中存储的弹性势能转化为转动动能，再通过扇叶转动产生向前的风力，而小车自身会受到向后的反冲力，进而推动小车运动。当橡皮筋恢复原状后，回弹力消失，小车因失去动力来源会慢慢地停下来。

2．弹力反冲小车主要由两个模块组成，其中驱动装置是橡皮筋和扇叶，从动装置是车轮。

【活动制作】

1．安装从动模块。将两根长钢轴贯穿一个车身支架的前端和后端，将四个车轮分别安装在两根钢轴的两端，然后安装好另外三个车身支架。

2．安装驱动模块。将小套管安装在后端有一个短柱的车身支架的前端，将转动扳手穿过小套管后与扇叶固定，将橡皮筋套在转动扳手和短柱之间，调整转动扳手的位置，使橡皮筋处于适度绷紧状态。

3．进行测试。将安装好的小车放在水平地面上，先用手指不断地沿逆时针方向旋转扇叶，使橡皮筋处于完全拧紧的状态，然后松开手，让橡皮筋自然恢复，观察小车是否向后行驶。

图3-2　弹力反冲小车整体效果图

【活动反思】

1．测试时我们通过沿逆时针方向旋转扇叶在橡皮筋中存储弹性势能，释放后小车向后行驶。我们需要思考一个问题：如果沿顺时针方向旋转扇叶，小车的运动方向会发生改变吗？答案是不会。因为当我们沿顺逆时针方向旋转扇叶并释放后，扇叶受回弹力的作用会沿反方向旋转，但是由于扇叶本身的曲线构造，使得扇叶只能产生向前的风力，因此小车只能受到向后的推力进而向后行驶。同学们不妨测试一下我们的小车，看看它能否向前行驶。

2. 请同学们仔细想一想，弹力反冲小车和活动2"弹力小车"最主要的相同点和不同点在哪里？它们的相同点都是通过扳手转动将橡皮筋中存储的弹性势能转化为转动动能，而不同点在于弹力小车是通过齿轮将动能传递到车轮来实现小车的运动，弹力反冲小车则是通过扇叶转动产生向前的风力进而在反冲力的作用下被推动。

【知识拓展①】

宽体客机又称宽机身客机，是指具有大直径机身客舱，舱内有两条（或以上）人员通道，载客量通常在300人以上的喷气客机。与普通的窄体客机相比，宽体客机在飞机外形尺寸增加不多的前提下，机翼面积和机身直径得到大幅增加，因而载客量、载油量和航程均有明显提高。不仅如此，宽体客机客舱内部空间宽敞，压迫感小，因而乘坐较为舒适，再加上其舱内设置有两条通道，乘客进出座位、走动也比较方便。此外，宽体客机通常重量比较大，受气流影响小，因而飞行平稳，也有助于提高乘坐舒适性。由于这些因素，宽体客机自20世纪70年代初问世以来，一直备受世界各国航空公司和乘客的青睐，并逐步成为世界航空旅客运输的主力。在当今世界航空客运市场上，宽体客机不仅在远程和洲际航线上占统治地位，而且在中、短程航线上也得到广泛使用。按照性能特点、技术水平及其问世年代等方面的差别，世界宽体客机可以划分为四代。

第一代宽体喷气式客机是针对世界航空客运量的飞速增长而研制的，主要用于中、远程国际航线和客流密集的国内航线，它们的出现有效缓解了当时运力紧张的问题。由于其载客量增加，而耗油率降低，因而有效降低了直接使用成本，增加了航空公司的收益。这代飞机在世界喷气客机发展史上首次采用了宽体机身，其载客量与上一代

①陈黎，等. 宽体喷气式客机发展现状及趋势［J］. 航空科学技术，2014，25（8）：1—4.

喷气客机相比有了成倍增加。

第二代宽体喷气式客机主要用于中、短程航线，并且载客量比通常的宽体客机要少。由于这代飞机研制期间正值世界石油危机，因而特别强调降低运营成本，改善经济性，为此，采用了一系列在当时非常先进的技术。随着技术的进步，这代飞机配备了更先进的航电系统，驾驶舱自动化程度也有明显提高，均采用双人制驾驶舱。

第三代宽体喷气式客机在保持先前各代飞机巡航速度基础上，继续寻求降低油耗，提高经济性。与上一代飞机相比，这代飞机机身明显加宽以增加载客量，同时使舱内更加宽敞舒适。为了提高气动效率，改善飞行性能，这代飞机普遍采用了加大机翼展弦比、加装翼梢小翼以及层流设计等技术措施。这代飞机的动力装置采用了推力更大、涵道比更高的先进涡轮风扇发动机，其油耗、排污、噪声、可靠性、维护性等都得到全面改善。

第四代宽体喷气式客机客舱较先前的同类飞机更加宽敞，因此其载客量和客舱舒适度均有明显提高。通过先进的计算流体力学设计，这代飞机广泛采用了斜削式翼尖、融合式翼梢小翼、下偏铰链襟翼等技术，有效提高了飞机的气动性能和巡航效率。其动力装置采用了涵道比更高的新一代涡轮风扇发动机，在油耗、噪声、排污和可维护性等方面进一步得到改善，尤其是耗油率比先前降低了20%以上。

未来，包括宽体客机在内的世界民用飞机将会大量采用材料、结构、气动、控制等技术领域的最新成果，在继续提高安全可靠性的基础上，朝着更经济、更环保、更舒适的方向发展。

活动15　电动反冲小车

【课标要求】

6：机械能、声、光、热、电、磁是能量的不同表现形式。

6.4：电可以在特定物质中流动，电是日常生活中不可缺少的一种能源。

6.4.1：电路是包括电源在内的闭合回路，电路的通断可以被控制。

3-4年级：说出电源、导线、用电器和开关是构成电路的必要元件，说明形成电路的条件；解释切断闭合回路是控制电路的一种方法。

【活动材料】

材料名称	数量	主要作用
车盘底座	1	基础结构
车轮	4	使小车平稳行驶
小电动机	1	将电能转化为转动动能
钢圈、螺钉	1组	固定小电动机
开关、导线	1组	控制电路开闭
电池	2	提供电能
扇叶	1	形成风力
钢轴	2	连接车轮

1. 让学生观察小电动机。小型直流电动机由定子与转子组成，定子包括主磁极、机座、换向极、电刷装置等，转子包括电枢铁芯、电枢绕组、换向器、轴和风扇等。当小电机的两极接通电源后，由于电枢绕组会受到磁场的作用力，使得小电机的转子会不断地快速转动。

2. 让学生测试小电动机。将电池的两极与小电动机的两极用两根导线分别连接。闭合开关，观察小电动机是否快速转动。把电池的正极与电动机的负极相连，而把电池的负极与电动机的正极相连，看看小电动机会不会反向转动。

【活动设计】

1．电动反冲小车行驶的基本原理是将电池的两极、电动机的两极与开关用导线连接，当开关闭合后，电路中会产生电流，使电动机快速转动，进而带动风扇叶片转动，再通过风扇叶片转动产生向前的风力，而小车自身会受到向后的空气反冲力，进而推动小车运动。当开关断开后，电路中的电流消失，小车因失去动力来源会慢慢地停下来。

2．电动反冲小车主要由两个模块组成，其中驱动装置是电池、电动机和风扇叶片，从动装置是车轮。

【活动制作】

1．安装从动模块。将两根长钢轴贯穿车身底盘的前端和后端，将四个车轮分别安装在两根钢轴的两端。

2．安装驱动模块。将电池盒和电动机固定在底座上，然后用导线连接好电动机的两极，将风扇叶片安装在电动机的短轴上。先断开开关，再将两节电池按对应的正负极放入电池盒内。

3．进行测试。将安装好的小车放在水平地面上，将开关闭合，观察小车是否快速运动。

图3-3　电动反冲小车整体效果图

【活动反思】

1．通过测试我们发现，如果把电池的正极与电动机的负极相连，把电池的负极与电动机的正极相连，电动机会反向转动。我们需要思考一个问题：如果照此安装小车，小车的运动方向会发生改变吗？答案是不会。

因为电动机反向转动会带动扇叶沿反方向旋转，但是扇叶本身的曲线构造使得扇叶只能产生向前的风力，因此小车只能受到向后的推力进而向后行驶。同学们不妨重新测试一下。

2. 请同学们仔细想一想，电动反冲小车和活动4"电力小车"最主要的相同点和不同点在哪里？它们的相同点都是通过电动机将电能转化为转动动能，而不同点在于电力小车是通过齿轮将动能传递到车轮实现小车的运动，电动反冲小车则是通过扇叶转动产生向前的风力进而在反冲力的作用下被推动。

【知识拓展①】

直升机的发展在人类的科学发展史上经历了不少的曲折，这比固定翼飞机要更加困难得多，主要原因是旋翼飞行方式带来了比较多的困难，只有多方面的技术共同发展才能使直升机获得快速的突破性进展。

从技术层面来分析，直升机的发展历程可以分为四个时期：

20世纪30年代至50年代末期，这个时期为第一代直升机的发展时期。这一代直升机的技术特征主要有：发动机安装的是活塞式的；旋翼桨叶是金属木质混合式的；机体是由铝合金半硬壳式或者是由钢管桁架式结构组成的；并且它装有比较简易的仪表以及电子设备。最大的平飞速度大约是200km/h。

第二代直升机的发展时期在20世纪60年代至70年代，这一代直升机的技术特征主要有：动力装置安装的是第一代涡轴发动机；旋翼结构是由金属铰接式桨毂以及全金属桨叶构成的；机体的主要结构是铝合金半硬壳式；它的最大平飞速度可以达到250km/h。

第三代直升机的发展时期是20世纪70年代中期至80年代末期，它的主要技术特征是：发动机安装的是第二代涡轴；旋翼结构是由带有弹

①肖志承，等. 浅谈直升机技术发展状况及前景［J］. 科技风，2013（7）：54.

性元件的桨毂以及全复合材料桨叶构成的；且机体结构的部分已经开始使用一些复合材料。最大平飞速度可以达到300km/h。

第四代直升机则安装了第三代涡轴发动机，并且有性能比较高的直升机专用翼等，机体也采用了比较多的复合材料，最大飞行速度达到315km／h。

近些年直升机新技术不断涌现，其中包括新型反扭矩系统、旋翼新技术、电子信息新技术、振动控制技术的应用以及总体设计新技术等。直升机更新换代的重要标志是旋翼桨毂的改进以及创新。未来的旋翼桨毂的主要发展方向是无轴承桨毂，单向复合材料柔性梁将成为桨毂的主要组成结构。这是由于这种复合材料柔性梁本身的特点，它能够保证在一定的强度以弯曲刚度的情况之下，保持比较低的桨毂扭转刚度，这样就可以很好地起到摆振、挥舞的作用。

近些年来，通过对旋翼涡系、桨涡以及旋翼周围气体流场的理论分析和模型的试验分析获得的数据以及资料为直升机的设计、发展起到了很好的推进作用。且全世界各国都没有停止对流场测试技术的各项研究试验，特别是对于直升机旋翼周围的比较复杂的流场特性的研究。计算机仿真技术的相关应用使得直升机设计有较大的突破。它以直升机设计的各项主要参数作为计算的变量，对直升机的使用效能进行定量比较计算，再对得出的总体设计方案进行各种专项的分析评测，这种方法在现代直升机的设计中已经普遍采用，并不断地向前发展。

活动16 万向反冲小车

【课标要求】

18：工程技术的关键是设计，工程是运用科学和技术进行设计、解决实际问题和制造产品的活动。

18.3：工程设计需要考虑可利用的条件和制约因素，并不断改进和完善。

5-6年级：根据设计意图分析可利用的资源，简单评估完成一个产品或系统的可行性，预想使用效果。

【活动材料】

材料名称	数量	主要作用
车盘底座	1	基础结构
车轮	4	使小车平稳行驶
小电动机	1	将电能转化为转动动能
钢圈、螺钉	1组	固定小电动机
开关、导线	1组	控制电路开闭
电池	2	提供电能
万向转盘	1	改变方向
扇叶	1	形成风力
钢轴	2	连接车轮

1. 让学生观察万向转盘。万向转盘是用来在工作过程中相对位置不断改变的两部分间传递动力的装置。它主要由万向节、圆盘和支撑部件组成。万向节即万向接头，是实现变角度动力传递的零件，是万向传动装置的"关节"部件。

2. 让学生测试万向转盘。试着转动一下万向转盘，看看它能不能在水平面内调整角度，能够旋转多大的角度；再试着将万向转盘在竖直面内调整角度，看看它能不能转动。

【活动设计】

1．万向反冲小车行驶的基本原理是将电池的两极、电动机的两极与开关用导线连接，当开关闭合后，电路中会产生电流，使电动机快速转动，进而带动风扇叶片转动，再通过风扇叶片转动产生向前的风力，而小车自身会受到向后的空气反冲力，进而推动小车运动。调整万向转盘的位置，可以调整风扇叶片产生风力的方向，小车也会因此改变运动方向。

2．万向反冲小车主要由两个模块组成，其中驱动装置是电池、电动机和风扇叶片，从动装置是车轮。

【活动制作】

1．安装从动模块。将两根长钢轴贯穿车身底盘的前端和后端，将四个车轮分别安装在两根钢轴的两端。

2．安装驱动模块。将电池盒和万向转盘固定在底座上，将电动机安装在万向转盘的中心位置，然后用导线连接好电动机的两极，将风扇叶片安装在电动机的短轴上。先断开开关，再将两节电池按对应的正负极放入电池盒内。

3．进行测试。将安装好的小车放在水平地面上，将开关闭合，观察小车是否快速运动。调整万向转盘的位置，观察小车是否改变运动方向。

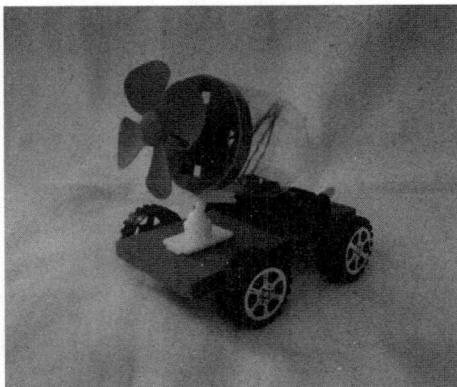

图3-4　万向反冲小车整体效果图

【活动反思】

1．通过测试我们发现，在水平面内调整万向转盘的位置，可以改变小车的运动方向。我们需要思考一个问题：如果在竖直面内调整万向转盘的位置，小车的运动方向会发生改变吗？答案是不会。无论是斜向上吹，还是斜向下吹，小车的运动方向都是相同的，而且运动速度变慢了。

2. 现在我们把万向反冲小车与之前的电动反冲小车进行对比，同学们思考它有哪些优点呢？最大的优点便是万向，可以让小车朝着我们需要的方向行驶；还可以适当提高小车的承载能力，这是由于斜向下吹风时，小车会受到一个斜向上的反冲力。

【知识拓展①】

涡桨飞机是指以涡轮螺旋桨发动机为动力来源，通过空气螺旋桨将发动机的功率转化为推力的飞机。自从世界上第一架飞机成功试飞以来，涡桨飞机的发展就一直贯穿在航空事业发展的整个过程中，并在人们足够的重视之下取得了飞速发展。直至20世纪50年代中期，由于涡喷和涡扇发动机技术的应用，涡桨飞机经历了一段时间的低谷。不过，很快便在20世纪70年代初的世界石油危机中因为其推进效率高、经济性能好等优点重新赢得市场的青睐。

航空飞行器早已进入喷气动力时代，但涡桨飞机依靠着其自身特殊的优势依然在民用及军用领域占有重要的地位并得以不断发展。相对于其他类型的飞机，涡桨飞机的主要优势有：

第一，由于涡桨发动机的绝大部分喷气动能都将直接转化为机械能，驱动螺旋桨直接产生推力，喷气热能损耗极少，因此，在低速情况下涡桨发动机具有较好的能源效率。对民用飞机来讲，这意味着涡桨飞机不仅使用和运营维护成本低，而且经济适用性强，节能环保，符合未来民用飞机的发展趋势。对军机而言，这种优势集中体现在相同燃油消耗下具备更大的载重量和运输能力，并且将使续航时间和最大航程得到有效提高，特别对于进行反潜、预警、侦察、搜索等需要较长时间持续军事飞行任务的机种，无疑是十分重要的。

---

① 李杰，等. 涡桨飞机发展现状及关键气动问题［J］. 航空学报，2019，40（4）：76—86.

第二，涡桨飞机采用的螺旋桨推进系统所产生的滑流效应能够使机翼升力增加，显著改善起降性能，提高起降安全性。因此，涡桨支线客机具备更强的环境适应能力，航线往往能够延伸到很多机场条件较差的地区，覆盖范围较广。优越的起降性能对于军用运输机而言更为重要，它使得飞机对跑道条件的依赖程度明显降低，在土质、沙石等质地的跑道上均能实现起降，便于在较为粗糙的机场环境下工作，大大提高了其战场生存力和使用便捷性。

第三，涡桨飞机在降落时可以直接利用螺旋桨产生负拉力制动飞机，而不需要安装额外的反推装置，有助其缩短着陆距离和在航母甲板上降落，这使得涡桨飞机非常适合作为功能型舰载机使用。

从国内来看，现阶段大量装备的运7、运8、"新舟"60等涡桨飞机均是基于成熟平台仿制改进而来的，在"新舟"700支线客机出现之前，国内没有完全正向的设计过大型涡桨飞机。因此，在其气动设计工作方面依旧存在很多不足。随着我国航母战斗力的逐渐成形，执行舰队防空预警及空战引导指挥任务，实现舰载战斗机与预警机的高效协同作战体系，进而构造完整高效的海上预警监视系统等一系列军事需求都亟待发展预警类舰载涡桨飞机。这需要此型号飞机具备良好的短距起降和续航能力，并在海上复杂恶劣飞行环境下能够良好工作。

活动17　太阳能反冲小车

【课标要求】

6：机械能、声、光、热、电、磁是能量的不同表现形式。

6.6：自然界有多种表现形式的能量转换。

6.6.1：自然界中存在多种能量的表现形式。

5—6年级：知道声、光热、电、磁都是自然界中存在的能量形式。

【活动材料】

材料名称	数量	主要作用
车盘底座	1	基础结构
车轮	4	使小车平稳行驶
小电动机	1	将电能转化为转动动能
钢圈、螺钉	1组	固定小电动机
开关、导线	1组	控制电路开闭
太阳能板	1	将太阳能转化为电能
扇叶	2	形成风力
钢轴	2	连接车轮

1. 让学生观察太阳能板。太阳能板是由若干个太阳能电池片按一定方式组装在一块板上的组装件，主要由电池片、钢化玻璃、背板和接线盒组成，电池片的主要作用就是发电，钢化玻璃的作用是保护发电主体（如电池片）且透光性能良好，背板的作用是密封、绝缘、防水，接线盒用来保护整个发电系统，起到电流中转站的作用。

2. 让学生测试太阳能板。将太阳能板的两极与电动机的两极用两根导线分别连接。打开手电筒，将手电筒光照射到太阳能板上，观察电动机是否快速转动。如果电动机转动起来，说明太阳能板确实能够发电。

【活动设计】

1. 太阳能反冲小车行驶的基本原理是将太阳能板的两极、电动机的两极与开关用导线连接，当开关闭合后，让日光照射到太阳能板上，太阳能会转化为电路中的电能，使电动机快速转动，进而带动风扇叶片转动，再通过风扇叶片转动产生向前的风力，而小车自身会受到向后的空气反冲力，进而推动小车运动。当日光不再照射太阳能板后，电路中电流消失，小车因失去动力来源会慢慢地停下来。

2. 太阳能反冲小车主要由两个模块组成，其中驱动装置是太阳能板、电动机和风扇叶片，从动装置是车轮。

【活动制作】

1. 安装从动模块。将两根长钢轴贯穿车身底盘的前端和后端，将四个车轮分别安装在两根钢轴的两端。

2. 安装驱动模块。将太阳能板固定在底座上并倾斜一定的角度，将风扇叶片安装在电动机的短轴上，然后用导线将太阳能板的两极、电动机的两极和开关连接好。将开关处于断开状态。

3. 进行测试。将安装好的小车放在水平地面上，让日光能照射到太阳能板，然后将开关闭合，观察小车是否快速向前行驶。

图3-5　太阳能反冲小车整体效果图

【活动反思】

1. 测试时我们让日光照射到太阳能板上，也可以用手电筒或者激光笔作为光源，哪一个更好呢？日光受天气影响较大，如果是阴天便无法进行测试；激光笔发出的光虽然局部强度大，但照射范围小，无法覆盖整个太阳能板，因此效率较低；手电筒是比较理想的光源，光照稳定、强度范围适中。同学们不妨测试一下我们的小车，看看哪种更好。

2. 请同学们仔细想一想，太阳能反冲小车和活动5"太阳能小车"最主要的相同点和不同点在哪里？它们的相同点都是通过太阳能板将太阳能转化为电能，通过电动机将电能转化为转动动能，而不同点在于太阳能小车是通过齿轮将动能传递到车轮来实现小车的运动，太阳能反冲小车则是通过扇叶转动产生向前的风力进而在反冲力的作用下被推动。

【知识拓展①】

1961年4月12日，苏联宇航员加加林乘坐"东方一号"飞船进入太空，开启了人类载人航天发展史的新纪元。早在1971年，我国著名科学家钱学森就提出了发展载人航天的号召，但受到当时技术、经济等条件的限制，我国的载人航天工程迟迟没有进展。随着我国空间技术不断取得进步，尤其是我国对于返回式卫星技术的掌握，我国载人航天技术的发展有了坚实的基础。

1992年9月，我国载人航天工程即"921"正式确立并提出了"争8保9"的奋斗目标，即1998年要在技术上有一个大的突破，1999年要争取飞船上天。我国载人航天的发展实行"三步走"战略。1999年，我国成功发射第一艘无人试验飞船"神舟一号"。此后三年，"神舟二号""神舟三号""神舟四号"相继发射。它们的成功发射为我国载人航天事业的继续发展积累了宝贵的经验。

2003年10月15日，是我国航天发展历史上一个不寻常的日子。这天上午9时整，我国自行研制的"神舟五号"载人飞船在酒泉卫星发射中心胜利发射升空。航天员杨利伟成为我国进入太空的第一人。飞船在太空中围绕地球飞行14圈后于16日6时23分在内蒙古着陆场成功着陆返回。"神舟五号"的成功发射在我国航天事业的发展历程中具有划

①王凡. 峥嵘50载——航天发展史纪实及现状分析［J］. 科教导刊，2015（6）：163—164.

时代的意义，我国因此成为继美俄之后第三个掌握载人航天技术的国家，这一成就打破了美俄对载人航天技术的垄断，极大彰显了我国的科技实力。"神五"的成功发射标志着我国载人航天"三步走"战略的第一步顺利完成。

2005年10月12日上午9时整，"神舟六号"载人飞船搭载我国两名航天员费俊龙、聂海胜开始了长达115.5小时的"太空之旅"。2005年10月17日4时33分，航天员安全着陆，顺利完成载人飞船"多人多天"飞行的任务目标。2008年9月25日21点10分，"神舟七号"飞船顺利发射升空，在刘伯明和景海鹏的协助下，指令长翟志刚完成了出舱活动。出舱活动对宇航员的衣服以及后勤保障措施都有很高的要求，这次出舱活动，可以说是中国在太空探索之路上的另一个里程碑，不仅是我国航天综合实力的展现，表明我国具备在太空中进行复杂操作的能力，也为以后的空间站建设、探月以及其他太空探索任务打下了坚实的基础。

2011年9月29日21时16分，"天宫一号"在酒泉卫星发射中心发射升空，作为中国第一个目标飞行器和空间实验室，它的发射标志着我国迈入载人航天事业"三步走"战略的第二步第二阶段。2011年11月1日5时58分"神舟八号"顺利发射升空，11月3日凌晨1点37分"神舟八号"与"天宫一号"顺利实现空间对接，成为一座小型空间站。2012年6月18日14时左右，"神舟九号"飞船与"天宫一号"成功自动交会对接。2013年6月11日17时38分"神舟十号"顺利升空完成对接，并首次开展中国航天员太空授课活动。

活动18　化学能反冲小车

【课标要求】

18：工程技术的关键是设计，工程是运用科学和技术进行设计、解决实际问题和制造产品的活动。

18.3：工程设计需要考虑可利用的条件和制约因素，并不断改进和完善。

3-4年级：对自己或他人设计的想法、草图、模型等提出改进建议，并说明理由。在制作过程中及完成后进行相应的测试和调整。

【活动材料】

材料名称	数量	主要作用
车盘底座	1	基础结构
车轮	4	使小车平稳行驶
小电动机	1	将电能转化为转动动能
钢圈、螺钉	1组	固定小电动机
开关、导线	1组	控制电路开闭
盐水电池	1组	将化学能转化为电能
齿轮	4	传递动能
钢轴	3	连接车轮

1. 让学生观察盐水电池。盐水电池主要由电极片、电解质溶液、水杯和导线组成，电极片的主要作用就是发电，电极片有镁片和碳片两个，镁片是盐水电池的正极，碳片是盐水电池的负极；将少许盐放入清水中，就可以形成电解质溶液，其作用是提供电子运动的通道；水杯的作用是盛放电解质溶液，而导线起到电流中转站的作用。

2. 让学生测试盐水电池。将盐水电池的两极与电动机的两极用两根导线分别连接。往水杯里倒入一定量的清水，然后再加入少许盐，观察电动机是否快速转动。如果电动机转动起来，说明盐水电池确实能够发电。

【活动设计】

1．化学能小车行驶的基本原理是将盐水电池的两极、电动机的两极与开关用导线连接，当水杯中倒入一定量的清水再加入少许盐后，镁片会失去电子，电子通过电解质溶液，被碳片得到，这样化学能会转化为电路中的电能，使电动机快速转动，进而带动风扇叶片转动，再通过风扇叶片转动产生向前的风力，而小车自身会受到向后的空气反冲力，进而推动小车运动。当镁片消耗完毕后，电路中电流消失，小车因失去动力来源会慢慢地停下来。

2．化学能小车主要由两个模块组成，其中驱动装置是盐水电池、电动机和风扇叶片，从动装置是车轮。

【活动制作】

1．安装从动模块。将两根长钢轴贯穿车身底盘的前端和后端，将四个车轮分别安装在两根钢轴的两端。

2．安装驱动模块。将水杯固定在底座上，然后用导线和鳄鱼夹将镁片碳片和小电动机的两极、开关连接好。将风扇叶片安装在小电动机的短轴上，并将开关处于断开状态。

3．进行测试。将安装好的小车放在水平地面上，往水杯中倒入一定量的清水，然后将开关闭合，往水杯中加入少许盐，观察小车是否快速向前行驶。

图3-6 化学能反冲小车整体效果图

【活动反思】

1. 测试时我们通过往水杯中加入少许盐的方式来形成电解质溶液。我们需要思考一个问题：可不可以用其他生活用品来代替盐呢？比如小苏打、碳酸饮料、醋，这些物品加入水中后，会形成弱电解质溶液，化学电池的导电能力会下降。同学们不妨测试一下我们的小车，看看它的行驶状况。

2. 请同学们仔细想一想，化学能反冲小车和活动6"化学能小车"最主要的相同点和不同点在哪里？它们的相同点都是通过盐水电池将化学能转化为电能，通过电动机将电能转化为转动动能，而不同点在于化学能小车是通过齿轮将动能传递到车轮来实现小车的运动，化学能反冲小车则是通过扇叶转动产生向前的风力进而在反冲力的作用下被推动。

【知识拓展①】

深空探测是当今世界高新科技中极具挑战性的领域之一，是众多高新技术的高度综合，也是体现一个国家综合国力和创新能力的重要标志，对保障国家安全、促进科技进步、提升国家软实力以及提升国际影响力具有重要的意义。

中国于2004年开始实施探月工程，取得了举世瞩目的成就，成为中国创新能力的重要标志。中国第一个月球探测器"嫦娥一号"卫星于2007年10月成功环月探测，圆满实现了探月工程一期"绕"的目标，达到2000年后发射的同类探测器先进水平。经在轨飞行验证，"嫦娥一号"卫星突破了三体轨道设计、自主制导导航与控制、远距离测控数传等一系列关键技术。

2010年10月，"嫦娥二号"卫星作为探月工程二期任务的先导星，成功地完成了环月的先导探测，并完成了多阶段拓展任务，通过一次

①孙泽洲，等. 中国深空探测现状及持续发展趋势［J］. 南京航空航天大学学报，2015，47（6）：785—790.

发射任务完成了月球、日—地L2点和图塔蒂斯小行星的多目标探测，取得了"低成本、高质量、高回报"的突出实效，突破了直接地月转移与机动飞行控制、日—地L2点轨道设计与控制、小行星交会轨道设计与交会控制等一系列关键技术。

2013年12月14日，"嫦娥三号"探测器成功着陆在月球虹湾地区；12月15日，"玉兔"号月球车行走的车辙印在了月球表面。"嫦娥三号"任务圆满成功，首次实现了中国航天器在地外天体软着陆和巡视勘察，标志着中国探月工程第二步战略目标的全面实现。"嫦娥三号"任务是中国航天领域迄今最复杂、难度最大的任务之一。突破的核心技术包括：多学科总体设计技术；软着陆自主制导、导航和控制技术；复杂推进系统设计和变推力发动机技术；软着陆着陆缓冲技术；月面移动与生存技术；自主导航与遥操作控制技术。

2014年11月1日，探月三期月地高速再入返回飞行器在内蒙古四子王旗地区顺利着陆，标志着中国月球探测领域技术的又一次重大进步，突破了半弹道跳跃式再入气动、热防护、再入制导导航与控制等关键技术。目前，探月三期"嫦娥五号"任务正在工程实施中，通过"嫦娥五号"的研制和实施，将具备月球无人采样返回的能力，突破月表自动采样、样品的封装与保存、月面动力上升、采样返回轨道设计、地球大气高速再入、月球轨道交会对接、多目标高精度测控通信、月球样品储存和地面实验室分析等关键技术，实现航天技术的重大跨越。

长期以来，国际、国内关于深空探测的争论从未停息，有时甚至相当激烈，但并不妨碍中国深空探测的不断发展、不断取得突破性成果并且不断丰富人类对宇宙和地球的认识，推进人类文明达到新的高度。未来中国航天人需要超越经济利益及短期效益，站在促进人类发展的高度，推动中国深空探测领域的持续发展。

专题四　异形车轮小车设计制作活动

在我们日常生活中，会见到各式各样的交通工具，它们的轮子都是圆形的。这是因为圆有这样一个特性：圆心到圆周上任意一点的距离都是相等的。因此，人们把车轮做成圆形的，并使车轴通过圆心，当车轮在地面上滚动时，车轴离开地面的距离就总是等于车轮半径那么长。这样行驶起来才会平稳。当然，把车轮做成圆形的，还因为滚动摩擦力比滑动摩擦力小。

我们在马路上看到的车大部分都是四个轮子的，不知道你是否想过，汽车为什么不可以是三轮或者五轮的呢？这是由于虽说有三轮车，三点支撑也是可以稳定的，但是三角形的重心离边线的距离比矩形要近得多，汽车在行驶过程中总有一个点比其他两个点对地面的压力要小很多，尤其是在快速转弯时，甚至是外侧两个轮胎对地面的压力比内侧都小很多，这很容易导致翻车。相比之下，四个轮子的车不容易侧翻，而且车体越宽、越重、越矮，越不容易翻车。

一辆小车的从动装置是设计的最终环节，选择不同的从动装置，就需要有不同的传动装置。新课标在技术与工程领域中提出了"工程技术的关键是设计，工程是运用科学和技术进行设计、解决实际问题和制造产品的活动"这个大概念，我们选出六种典型的从动装置来分别设计制作六种小车：六轮驱动小车、两轮平衡小车、四轮爬行小车、三轮转向小车、水陆两栖小车和无轮刷刷小车。

当普通两驱车其中的一只驱动车轮打滑时，其他的驱动车轮也会失去动力，这时车子便不能行驶了。如果车子是四轮或六轮驱动的话，那么另外的车轮仍然能发挥牵引力，使小车依然能够行驶。在六轮驱动小车的设计制作活动中，我们用电池提供电能，用电动机将电能转化为转动动能，通过齿轮将动能传递到车轮，实现小车的平稳运动。再通过橡皮筋将动能传递到其他车轮，实现小车的六轮驱动。

虽然四个轮子的车不容易侧翻，但是生活中三轮车、两轮车甚至独轮车都在被人们使用。相比之下，只要车体越宽、越重、越矮，就越不容易翻车。在两轮平衡小车的设计制作活动中，用电动机将电能转化为转动动能，通过齿轮将动能传递到车轮，同时两轮小车为了保持平衡，车轮的尺寸较大，而且将电池盒和电动机固定在车身底座的下面以降低重心，实现小车的平稳运动。

偏心轮是指这个圆形轮的中心不在旋转点上，这样会在带动中心钢轴快速转动的同时，在空间上做规律性的平动。在四轮爬行小车的设计制作活动中，用电动机将电能转化为转动动能，两个车轮和两个偏心轮分别安装在两根钢轴的两端且不在同一个轴线上，这样小车爬行时两个前轮是一个刚离开地面，另一个就回到地面；如果我们在同一个轴线安装两个偏心轮，那么小车爬行时两个前轮就会是同时离开地面，同时达到最高点，同时回到地面，类似于蛙跳。

三轮车是一种自行车改造而成的交通工具，可以载人也可运货，三轮车分为前后两个部分，前部有一个可以转向的车轮，用链条带动后部的车轮转动。在三轮转向小车的设计制作活动中，我们用电池提供电能，用电动机将电能转化为转动动能，通过齿轮将动能传递到车轮，实现小车的平稳运动。转动车把，可以将动能通过三向连通器传递到前车轮，实现小车的转向运动。

在水陆两栖小车的设计制作活动中，用电动机带动风扇叶片转动，再通过风扇叶片转动产生向前的风力，小车自身由于受到向后的空气反冲力进而向后运动。小车车轮的形状为圆球形，表面比较光滑，体积比较大但质量很轻，因此小车既可以地面上快速运动，也可以在水里行驶。而小车在水里受到的阻力大于在地面受到的阻力，因此小车在水里的行驶速度比在地面上慢。

在无轮刷刷小车的设计制作活动中，用电动机将电能转化为转动动能，偏心轴在电动机的带动下发生甩动，产生偏心作用，造成刷子上下震动，刷毛产生了弹性形变，刷刷车就是依靠刷毛发生弹性形变产生的弹力而旋转、前进的。生活中我们的手机会发生振动的原理也是类似的，也会使手机产生较大幅度的摆动，但是由于阻力过大使手机的摆动不是很明显，于是拿在手里的手机就感觉是振动了。

通过本专题的六个设计制作活动，我们会发现异形车轮小车的一些共同点。一是从动装置各不相同，最大的不同之处在于车轮的数量和形状，以满足我们设计的需要；二是水陆两栖小车、无轮刷刷小车没有传动装置，其他活动传动装置基本相同，都是将驱动装置所产生的转动动能通过齿轮传递到车轮；三是驱动装置大多通过电动机将电能转化为转动动能。

新课标在课程性质部分指出："小学科学课程是一门基础性课程。早期的科学教育对一个人的科学素养的形成具有十分重要的作用。通过小学科学课程的学习，能够使学生体验科学探究的过程，初步了解与小学生认知水平相适应的一些基本的科学知识（培养提问的习惯，初步学习观察、调查、比较、分类、分析资料、得出结论等方法，能够利用科学方法和科学知识初步理解身边自然现象和解决某些简单的实际问题）培养对自然的好奇心，以及批判和创新意识、环境保护意识、合作意识和社会责任感，为今后的学习、生活以及终身发展奠定良好的基础。"希望通过本专题的设计制作活动，同学们可以对车轮有进一步的理解与思考，打破对车轮形状与数量的固有认识。

活动19　六轮驱动小车

【课标要求】

18：工程技术的关键是设计，工程是运用科学和技术进行设计、解决实际问题和制造产品的活动。

18.2：工程的核心是设计。

3-4年级：针对一个具体的任务，按照设计的基本步骤来设计一个产品或完成指定的任务。

【活动材料】

材料名称	数量	主要作用
车盘底座	1	基础结构
车轮	6	使小车平稳行驶
小电动机	1	将电能转化为转动动能
钢圈、螺钉	1组	固定小电动机
开关、导线	1组	控制电路开闭
电池	2	提供电能
齿轮	3	传递动能
橡皮筋	2	传递动能
钢轴	4	连接车轮

1. 让学生测试小电动机。将电池的两极与小电动机的两极用两根导线分别连接。闭合开关，观察小电动机是否快速转动。把电池的正极与电动机的负极相连，而把电池的负极与电动机的正极相连，看看小电动机会不会反向转动。

2. 让学生观察齿轮。齿轮一共有3个，包括1个小齿轮、1个单层齿轮和1个双层齿轮，它们是小车传动的核心元件。小齿轮、单层齿轮和钢轴紧密配合，这样电动机转动时会带动小齿轮转动，单层齿轮转动时也会带动车轮转动；双层齿轮和钢轴松弛配合，这样双层齿轮转动时不会带动其他元件转动。

【活动设计】

1．六轮驱动小车行驶的基本原理是当开关闭合后，电路中会产生电流，使电动机快速转动，电能转化为转动动能，通过小齿轮、双层齿轮和单层齿轮逐级将动能传递到车轮，再通过橡皮筋将动能传递到其他车轮，实现小车的快速运动。当开关断开后，电路中的电流消失，小车因失去动力来源会慢慢地停下来。

2．六轮驱动小车主要由三个模块组成，其中驱动装置是电池和电动机，传动装置是齿轮和橡皮筋，从动装置是车轮。

【活动制作】

1．安装从动模块。将三根长钢轴贯穿车身底盘的前端、中间和后端，将六个车轮分别安装在三根钢轴的两端，将单层齿轮安装在前面长轴靠近左侧车轮的位置。将一根橡皮筋套在前端和中间钢轴的靠近右侧车轮的位置，将另一根橡皮筋套在中间和后端钢轴的靠近左侧车轮的位置。

2．安装传动模块。将小齿轮安装在电动机输出短轴的端部，将双层齿轮安装在中间位置并用小轴套固定位置，调整电动机的位置，使齿轮之间可以相互传动。然后用钢圈和螺钉将电动机固定在底座上。

3．安装驱动模块。将电池盒固定在底座上，然后用导线连接好电动机的两极。先断开开关，再将两节电池按对应的正负极放入电池盒内。

4．验证齿轮的传动性。用手转动中间的双层齿轮，如果齿轮安装的位置合理，那么其他两个齿轮会顺畅地转动，所有车轮也会跟着转动。反之，如果有个别齿轮转不

图4-1 六轮驱动小车整体效果图

动或者根本不转，则需要重新调整齿轮。

5．进行测试。将安装好的小车放在水平地面上，将开关闭合，观察小车是否快速向前行驶。

【活动反思】

1．测试时我们发现，小车的行驶方向由电动机的转动方向决定。如果我们把电池的正极与电动机的负极相连，而把电池的负极与电动机的正极相连，那么电动机中电流的方向就会与原来的方向相反，电动机就会反向转动，小车就会向反方向行驶。同学们不妨测试一下我们的小车，看看它是否真的能向反方向行驶。

2．现在我们把六轮驱动小车与之前的电动小车比较一下，同学们认为它们有哪些不同点呢？首先，六轮驱动小车有六个车轮，而之前的电力小车只有四个车轮；其次，六轮驱动小车通过橡皮筋可以实现六个车轮都是驱动轮，而之前的电力小车只有两个车轮是驱动轮。

【知识拓展①】

自2000年以来，伴随着重卡市场跨越式的发展，品牌之间的竞争越来越激烈。竞争的加剧带动了技术的提升，重卡也逐渐由小驾驶室、小动力、低档次、车型相对单一，逐渐发展到大驾驶室、大马力、中高档次、车型齐全、众多品牌参与的市场格局。

我国重卡市场的跨越式发展催生了重卡车型的快速演变，2000年初只有三种驱动形式的车型。之后，经济快速发展、公路基础设施不断完善，尤其是"计重收费"政策的实施，使重卡车型在短短几年内迅速向"多轴化"衍化，动力性和适用性也得到了较大的提升，从而推动了物流方式向"长途""重型""高速""高效"的方向发展。

重卡的"高舒适性"取决于行业的技术能否达到和用户是否有此

---

① 姜建华. 浅析国内重卡技术发展趋势［J］. 汽车实用技术，2017（1）：64—66.

需求，而"舒适性"的主要方面体现在驾驶室和支撑系统。用户对舒适性的追求主要集中于中、长运距的公路车方面，尤其是牵引车。未来5—10年，国内重卡企业将会纷纷推出平地板驾驶室、增大卧铺空间、丰富驾驶室内部的生活设施和娱乐设施、提升驾驶室的密封性，同时，四点气囊悬浮会得到全面应用，从而大幅度地提升用户对舒适性的感知。

重卡的安全性关乎生命，是对生命的尊重，车辆要充分保证行车过程的安全，以及出现意外时对驾乘人员的充分保护。安全性分为主动安全性和被动安全性，主动安全性体现在如何避免发生行车事故，主要由底盘部分保证，尤其是制动、转向、电器等方面；被动安全性主要体现在驾驶室，其结构强度、材料特性、安全气囊是决定驾驶室被动安全性高低的核心要素。未来5—10年，我国重卡伴随着平台的提升和电子技术的应用，产品的安全性会越来越高。

专轻量化的诱因来自国家实施的"计重收费"政策，自2006年全国范围内由点及面的实施以来，"计重收费"的力度和广度越来越大，伴随着信息化的推广，省内及省际的信息联网、治超站点的完善，公路运输超载的机会越来越小。我国重卡轻量化产品自2007年开始逐步推向市场，技术的应用主要体现在少片簧、铝合金变速器、真空胎、高强度钢圈、高强度钢的轻量化车架、轻量化牵引盘、铝合金材质的油箱和储气筒等方面。

近几年，雾霾天气的相关报道经常出现在各门户网站及权威报刊的头版头条，已经引起政府相关部门的高度重视。随着国家不断完善相关政策及油品质量的提升，更高要求的排放标准将会加速提出。在世界能源日趋紧张，大气污染极为严重的今天，在交通运输领域尤其是重型卡车上提升排放标准、减少排放污染，将是未来发展的趋势之一。

活动20　两轮平衡小车

【课标要求】

18：工程技术的关键是设计，工程是运用科学和技术进行设计、解决实际问题和制造产品的活动。

18.3：工程设计需要考虑可利用的条件和制约因素，并不断改进和完善。

3-4年级：对自己或他人设计的想法、草图、模型等提出改进建议，并说明理由。在制作过程中及完成后进行相应的测试和调整。

【活动材料】

材料名称	数量	主要作用
车盘底座	1	基础结构
车轮	2	使小车平稳行驶
小电动机	1	将电能转化为转动动能
钢圈、螺钉	1组	固定小电动机
开关、导线	1组	控制电路开闭
电池	2	提供电能
齿轮	2	传递动能
钢轴	1	连接车轮

1. 让学生测试小电动机。将电池的两极与小电动机的两极用两根导线分别连接。闭合开关，观察小电动机是否快速转动。把电池的正极与电动机的负极相连，而把电池的负极与电动机的正极相连，看看小电动机会不会反向转动。

2. 让学生观察齿轮。齿轮一共有两个：一个小齿轮和一个单层齿轮，它们是小车传动的核心元件。小齿轮、单层齿轮和钢轴紧密配合，这样电动机转动时会带动小齿轮转动，单层齿轮转动时也会带动车轮转动。

3．让学生观察车轮。车轮一共有两个，车轮的直径比较大，且表面粗糙，这样可以增大车轮与地面之间的摩擦力，提高小车的行驶能力。

【活动设计】

1．两轮平衡小车行驶的基本原理是当开关闭合后，电路中会产生电流，使电动机快速转动，电能转化为转动动能，再通过小齿轮和单层齿轮逐级将动能传递到车轮，实现小车的平稳运动。当开关断开后，电路中的电流消失，小车因失去动力来源会慢慢地停下来。

2．两轮平衡小车主要由三个模块组成，其中驱动装置是电池和电动机，传动装置是齿轮，从动装置是车轮。

【活动制作】

1．安装从动模块。将长钢轴安装在车身底盘的上方，将两个车轮分别安装在钢轴的两端，将单层齿轮安装在钢轴靠近左侧车轮的位置。

2．安装传动模块。将小齿轮安装在电动机输出短轴的端部，调整电动机的位置，使齿轮之间可以相互传动。然后用钢圈和螺钉将电动机固定在底座下面。

3．安装驱动模块。将电池盒固定在底座下面，然后用导线连接好电动机的两极。先断开开关，再将两节电池按对应的正负极放入电池盒内。

4．进行测试。将安装好的小车放在水平地面上，将开关闭合，观察小车是否平稳向前行驶。

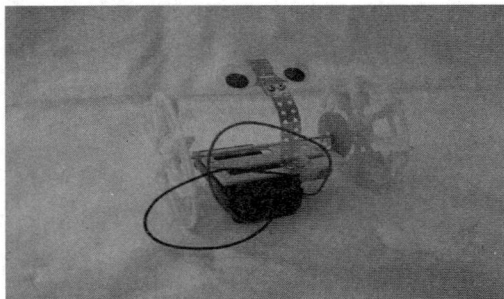

图4-2　两轮平衡小车整体效果图

【活动反思】

1. 测试时我们发现，小车的行驶方向由电动机的转动方向决定。如果我们把电池的正极与电动机的负极相连，而把电池的负极与电动机的正极相连，那么电动机中电流的方向就会与原来的方向相反，电动机就会反向转动，小车就会向反方向行驶。同学们不妨测试一下我们的小车，看看它是否真的能向反方向行驶。

2. 现在我们把两轮平衡小车与之前的电动小车比较一下，同学们认为它们有哪些不同点呢？首先，两轮平衡小车只有两个车轮，而之前的电力小车只有四个车轮；其次，两轮小车为了保持平衡，车轮的尺寸较大，而且将电池盒和电动机固定在车身底座的下面以降低重心。

【知识拓展①】

随着2008年奥运会，场馆里的警卫人员骑着电动平衡车作为巡逻的代步工具，平衡车作为一种新型环保的代步工具开始进入人们的视野，人们对于平衡车的关注越来越多。平衡车凭借着其良好的经济性、独特的环保性、携带的便携性，逐渐成为自行车和轿车之间灰色地带的最有前景的选择之一。我国是一个人口大国，对于私人交通的需求总量非常巨大，然而随着我国的人均私家车拥有量的增加，新的社会问题随之出现——堵车、停车难。平衡车的出现，适时地解决了这些问题。我国经济快速发展，人均可支配收入提高，消费水平大幅度上升，所以未来我国对平衡车的需求潜力无穷。

当代大学生作为21世纪的接班人，洋溢着青春的活力，对新鲜事物的接受度更高。且各学校校区内以及校区之间距离普遍较为适合使用平衡车作为交通工具。同时高校里的交通环境安全，秩序良好，适合使用平衡车。

---

①蒋萍，等. 我国电动平衡车的市场现状及发展前景分析［J］. 山西农经，2016（3）：106.

社会飞速发展的今天，交通拥堵也成了很普遍的一种现象，上班一族每天在上下班途中平均花费超过2小时。使用平衡车，可以节约时间，从此不再为停车堵车烦恼。电动平衡车车型小巧、携带方便，提到家里或是办公室，也可以直接放进汽车的后备厢，适时解决了停车难的问题。

目前市场上出现了很多种平衡车，一般将平衡车分为双轮和独轮两大类。双轮平衡车，顾名思义，拥有左右两轮，平衡性较独轮更为优异，体积小，重量轻，占地空间小，并且把手可以快速拆卸。独轮电动车，主要通过身体重心控制行驶，平衡性较差，但体积小，重量轻，方便携带，可以直接放进汽车后备厢。

由于价格昂贵、定位不清，平衡车在之前的十几年里一直处于不温不火的状态，并未引起人们的关注。近几年，由于国内创业者对平衡车进行了重新定位和成本控制，使体型小巧、便于携带的平衡车重新进入大家的视线，平衡车行业也随之兴起。

多数人眼里的自平衡电动车应该是比较具有挑战性的，因为使用过程中或是上街会有安全问题，所以在高校开展安全讲座是必要的，这样可以让消费者放心选择租用。标准《道路车辆分类管理与代码》的滞后导致新型代步工具技术上归类不清，其他类型市场需求潜力巨大的轻型电动车也无法获得上路权。正是这种尴尬地位导致企业为了获得上路权，想方设法向电动自行车国家标准靠拢，将许多其他类型的轻型电动车产品冠上"电动自行车"的名称，鱼目混珠。同时交通安全的法律法规不完善，使得平衡车上路也存在安全隐患。

活动21　四轮爬行小车

【课标要求】

18：工程技术的关键是设计，工程是运用科学和技术进行设计、解决实际问题和制造产品的活动。

18.3：工程设计需要考虑可利用的条件和制约因素，并不断改进和完善。

5-6年级：根据设计意图分析可利用的资源，简单评估完成一个产品或系统的可行性，预想使用效果。

【活动材料】

材料名称	数量	主要作用
车盘底座	1	基础结构
车轮	4	使小车平稳行驶
小电动机	1	将电能转化为转动动能
钢圈、螺钉	1组	固定小电动机
开关、导线	1组	控制电路开闭
电池	2	提供电能
带轮	4	传递动能
钢轴	2	连接车轮

1. 让学生测试小电动机。将电池的两极与小电动机的两极用两根导线分别连接。闭合开关，观察小电动机是否快速转动。把电池的正极与电动机的负极相连，而把电池的负极与电动机的正极相连，看看小电动机会不会反向转动。

2. 让学生观察带轮。带轮一共有4个，包括2个小带轮和2个偏心带轮，它们是小车传动的核心元件。小带轮、偏心带轮和钢轴紧密配合，这样电动机转动时会带动小带轮转动，偏心带轮转动时会带动车轮转动。

【活动设计】

1. 四轮爬行小车行驶的基本原理是将电池的两极、电动机的两极与开关用导线连接，当开关闭合后，电路中会产生电流，使电动机快速转动，电能转化为转动动能，再通过偏心带轮将动能传递到车轮，实现小车的爬行运动。当开关断开后，电路中的电流消失，小车因失去动力来源会慢慢地停下来。

2. 四轮爬行小车主要由三个模块组成，其中驱动装置是电池和电动机，传动装置是带轮，从动装置是车轮。

【活动制作】

1. 安装从动模块。将长钢轴贯穿车身底盘的后端，将两个车轮分别安装在钢轴的两端。将两根钢轴固定车身底盘的前端，将两个车轮和两个偏心带轮分别安装在两根钢轴的两端且不在同一个轴线上。

2. 安装传动模块。将小带轮安装在电动机输出短轴的端部，将两根橡皮筋套在小带轮和偏心带轮之间。然后用钢圈和螺钉将电动机固定在底座上。

3. 安装驱动模块。将电池盒固定在底座上，然后用导线连接好电动机的两极。先断开开关，再将两节电池按对应的正负极放入电池盒内。

4. 进行测试。将安装好的小车放在水平地面上，将开关闭合，观察小车是否向前爬行运动。

图4-3 四轮爬行小车整体效果图

【活动反思】

1. 测试时我们发现，小车爬行时两个前轮是一个刚离开地面，另一个就回到地面；如果我们在同一个轴线安装两个偏心轮，那么小车爬行时两个前轮就会是同时离开地面，同时达到最高点，同时回到地面，类似于蛙跳。同学们不妨测试一下我们的小车，看看它是否真的能这样行驶。

2. 现在我们把四轮爬行小车与之前的电动小车比较一下，同学们认为它们有哪些不同点呢？首先，四轮爬行小车两个前轮分别安装在两根钢轴上，而之前的电力小车两个前轮安装在同一根钢轴上；其次，爬行小车前轮可以离开地面，而之前的电力小车的车轮始终在地面上行驶。

【知识拓展①】

进入21世纪以来，机器人在各行各业中都得到了广泛的应用，其研究与应用水平已成为一个国家经济实力和科技发展水平的重要标志。爬壁机器人是特种机器人的一种，是在恶劣、危险、极限等情况下进行特定作业的一种自动化机械装置，如今越来越受到人们的重视。为使其功能尽快得到完善，对壁面移动机器人的研究已成为机器人技术发展的热点之一。目前爬壁机器人已在核工业、石化工业、建筑工业、消防部门、造船业等领域得到了应用。

爬壁机器人必须具有两个基本功能：在壁面上的吸附功能和移动功能。传统爬壁机器人按吸附功能可分为真空吸附和磁吸附两种形式。真空吸附法又分为单吸盘和多吸盘两种结构形式，具有不受壁面材料限制的优点，但当壁面凸凹不平时，容易使吸盘漏气，从而使吸附力下降，承载能力降低；磁吸附法可分为电磁体和永磁体两种，电磁体式维持吸附力需要电力，但控制较方便。永磁体式不

---

① 崔旭明，等. 壁面爬行机器人研究与发展［J］. 科学技术与工程，2010，10（11）：2672—2675.

受断电的影响，使用时安全可靠，但控制较为麻烦。磁吸附方式对壁面的凸凹适应性强，且吸附力远大于真空吸附方式，不存在真空漏气的问题，但要求壁面必须是导磁材料，因此严重地限制了爬壁机器人的应用环境。

爬壁机器人按移动功能分主要是吸盘式、车轮式和履带式。吸盘式能跨越很小的障碍，但移动速度慢；车轮式移动速度快、控制灵活，但维持一定的吸附力较困难；履带式对壁面适应性强，着地面积大，但不易转弯。而这三种移动方式的跨越障碍能力都很弱。

和国外相比，国内爬壁机器人的研究起步较晚，但近几年取得了很大进步。我国的工业机器人从20世纪80年代"七五"科技攻关开始起步，在国家的支持下，通过"七五""八五"科技攻关，目前已基本掌握了机器人本体的设计制造技术、控制系统硬件和软件设计技术、运动学和轨迹规划技术，生产了部分机器人关键元器件，开发出喷漆、弧焊、点焊、装配、搬运等机器人。但总的来看，我国的工业机器人技术及其工程应用的水平和国外相比还有一定的距离；我国机器人应用工程起步较晚，应用领域窄，生产线系统技术与国外相比还有差距。

随着机器人技术的出现和发展以及人们自我保护意识的增强，人们迫切希望能用机器人代替人工进行高空作业。爬壁机器人的使用可以大大降低高层建筑的清洗成本和工业中高空高危设施的维护费用，提高效率，特别是可以把人从高空作业中解脱出来。因此，研制一种适用于高空作业的爬壁机器人具有重要的社会效益和经济效益，具有广阔的应用前景。

活动22　三轮转向小车

【课标要求】

18：工程技术的关键是设计，工程是运用科学和技术进行设计、解决实际问题和制造产品的活动。

18.3：工程设计需要考虑可利用的条件和制约因素，并不断改进和完善。

3-4年级：对自己或他人设计的想法、草图、模型等提出改进建议，并说明理由。在制作过程中及完成后进行相应的测试和调整。

【活动材料】

材料名称	数量	主要作用
车盘底座	1	基础结构
车轮	3	使小车平稳行驶
小电动机	1	将电能转化为转动动能
钢圈、螺钉	1组	固定小电动机
开关、导线	1组	控制电路开闭
电池	2	提供电能
齿轮	2	传递动能
三向连通器	8	连接钢轴
钢轴	12	连接车轮和支架

1．让学生测试小电动机。将电池的两极与小电动机的两极用两根导线分别连接。闭合开关，观察小电动机是否快速转动。把电池的正极与电动机的负极相连，而把电池的负极与电动机的正极相连，看看小电动机会不会反向转动。

2．让学生观察齿轮。齿轮一共有两个：一个小齿轮和一个单层齿轮，它们是小车传动的核心元件。小齿轮、单层齿轮和钢轴紧密配合，这样电动机转动时会带动小齿轮转动，单层齿轮转动时也会带动车轮转动。

【活动设计】

1. 三轮转向小车行驶的基本原理是当开关闭合后，电路中会产生电流，使电动机快速转动，电能转化为转动动能，通过小齿轮和单层齿轮逐级将动能传递到后车轮，转动车把，可以将动能通过三向连通器传递到前车轮，实现小车的转向运动。当开关断开后，电路中的电流消失，小车因失去动力来源会慢慢地停下来。

2. 三轮转向小车主要由三个模块组成，其中驱动装置是电池和电动机，传动装置是齿轮和三向连通器，从动装置是车轮。

【活动制作】

1. 安装从动模块。用长钢轴贯穿车盘底座并在钢轴两端连接车轮，将单层齿轮安装在靠近左侧车轮的位置。

2. 安装传动模块。将小齿轮安装在电动机输出短轴的端部，调整电动机的位置，使齿轮之间可以相互传动。然后用钢圈和螺钉将电动机固定在底座上。将长钢轴和短钢轴依次安装在各个三向连通器上，固定好车把和前车轮。

3. 安装驱动模块。将电池盒固定在底座上，然后用导线连接好电动机的两极。先断开开关，再将两节电池按对应的正负极放入电池盒内。

4. 进行测试。将安装好的小车放在水平地面上，将开关闭合，观察小车是否快速向前行驶。转动车把，观察小车是否转向。

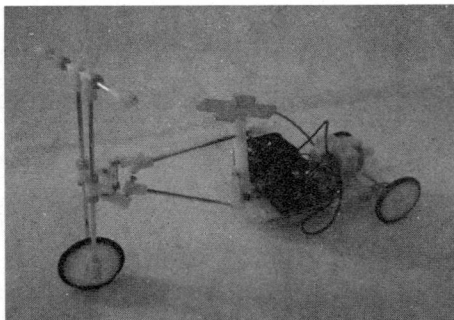

图4-4　三轮转向小车整体效果图

【活动反思】

1. 通过测试我们发现，小车的行驶方向是由电动机的转动方向决定的。如果我们把电池的两极与电动机的两极反向相连，那么电动机就会反向转动，小车就会向反方向行驶。这时如果车把不正，会随着小车行驶而被拉正。同学们不妨测试一下我们的小车，看看它在向反方向行驶时还能否改变方向。

2. 现在我们把三轮转向小车与之前的电动小车比较一下，同学们思考它们有哪些不同点呢？首先，三轮转向小车有三个车轮，而之前的电力小车有四个车轮；其次，三轮转向小车通过转动车把可以实现小车行驶方向的改变，而之前的电力小车只能够沿直线方向运动。

【知识拓展①】

电动自行车发展历史分为三个阶段：一是起步阶段，在技术上是关键部件的技术摸索，主要是对电机、电池、充电器和控制器等的技术探索。起步阶段的积累，在人才、技术和产品研发等方面为此后的电动自行车产业规模化准备了条件；二是生产规模化阶段，这个时间段内出现了几个推进电动自行车发展的机遇，电动自行车迅速实现了规模化，其中最有价值的是很多城市推行的"禁摩令"，其次是科学技术的开发和行驶里程的升高，电动自行车变成了优先选择；三是超速发展阶段，此阶段被行业戏称为"井喷阶段"。在这个时间段内，企业之间的激烈竞争大大刺激了技术的进步和新技术的扩散，全行业的技术水平大幅度提高，带动了电动自行车特别是简易款的发展。

电动自行车以其小巧、快捷、便利等特点深受人们的喜爱，迅速成为人们出行的必备交通工具之一，它在惠及大众的同时，也产生了一系列问题。随着城市交通的快速发展，各类车辆都有了专门的行驶道路，有机动车道和非机动车道，还有人行道，但对于电动自行车来说，是应该走机动车道还是非机动车道却是一个难题。1999年国家制

---

①陈泽帆，等. 电动自行车发展问题研究［J］. 法制博览，2019（6）：272—273.

定颁布的《电动自行车通用标准》（GB17761—1999）对设计最高时速、空车质量、外形尺寸有相关规定：电动自行车属于非机动车，要同时具备以下5个要素：必须具备脚踏行驶功能，必须具备两个车轮，设计车速不大于20公里/小时，整车重量不大于40公斤，轮胎宽度（胎内）不大于54毫米。该标准在现实中几乎无法实施。因为市场上大多数消费者手中的电动自行车，都已超过国家标准要求的限速和限重。这个标准的推行，意味着消费者手中的电动自行车就成了法律意义上的电动摩托车，需要上牌照、考驾照、买保险，才能以机动车的身份合法进入机动车道行驶。不仅仅是专门道路，专门的停车区域也是有待解决的一件事情。如今，共享单车风靡全国，品牌众多，间隔200米就有一个专门停放的设置点，但对于电动自行车来说，路边空旷的地方以及目的地门口就是停放点，破坏了城市环境，影响了市容美观。

消费者主要指的是电动自行车的购买者、使用者或驾驶者，他们在使用电动自行车时主要存在两个方面问题。其一，驾驶者安全意识差。电动自行车使用层级大部分为中等收入群体，他们往往追求速度，缺乏安全意识与道路交通规则意识。在马路上行驶时，电动自行车违法超载、超速驾驶、随意变道的现象比比皆是。其二，电动自行车准入门槛偏低。由于相关法律法规并没有要求电动自行车驾驶人取得相应的驾驶资格，这就产生了许多驾驶事故，尤其学生驾驶电动自行车极易发生交通事故。

活动23　水陆两栖小车

【课标要求】

18：工程技术的关键是设计，工程是运用科学和技术进行设计、解决实际问题和制造产品的活动。

18.2：工程的核心是设计。

3-4年级：针对一个具体的任务，按照设计的基本步骤来设计一个产品或完成指定的任务。

【活动材料】

材料名称	数量	主要作用
车盘底座	1	基础结构
车轮	4	使小车能两栖行驶
小电动机	1	将电能转化为转动动能
钢圈、螺钉	1组	固定小电动机
开关、导线	1组	控制电路开闭
电池	2	提供电能
扇叶	1	形成风力
钢轴	2	连接车轮

1．让学生测试小电动机。将电池的两极与小电动机的两极用两根导线分别连接。闭合开关，观察小电动机是否快速转动。把电池的正极与电动机的负极相连，而把电池的负极与电动机的正极相连，看看小电动机会不会反向转动。

2．让学生观察车轮。车轮一共有四个，车轮的外部形状为圆球形，表面比较光滑，有一个小孔可以插入钢轴，并和钢轴紧密配合。车轮的内部是空心的，因此拿在手上感觉很轻。

【活动设计】

1. 水陆两栖小车行驶的基本原理是当开关闭合后，电路中会产生电流，使电动机快速转动，进而带动风扇叶片转动，再通过风扇叶片转动产生向前的风力，而小车自身会受到向后的空气反冲力，进而推动小车运动。当开关断开后，电路中的电流消失，小车会因失去动力来源慢慢地停下来。

2. 水陆两栖小车主要由两个模块组成，其中驱动装置是电池、电动机和风扇叶片，从动装置是车轮。

【活动制作】

1. 安装从动模块。将两根长钢轴贯穿车身底盘的前端和后端，将四个车轮分别安装在两根钢轴的两端。

2. 安装驱动模块。将电池盒和电动机固定在底座上，然后用导线连接好电动机的两极，将风扇叶片安装在电动机的短轴上。先断开开关，再将两节电池按对应的正负极放入电池盒内。

3. 进行测试。将安装好的小车先放在水平地面上，将开关闭合，观察小车是否平稳运动；再将小车放入水池里，将开关闭合，观察小车是否正常行驶。比较一下两次的行驶状态是否相同。

图4-5 水陆两栖小车整体效果图

【活动反思】

1. 通过测试我们发现，水陆两栖小车在地面和水里都能行驶，但是小车在地面上行驶速度较快，在水里行驶速度较慢，这是为什么呢？小车在地面和水里使用的是同一套驱动装置，因此动力是相同的；而小车在水里受到的阻力大于在地面受到的阻力，因此小车在水里的行驶速度比在地面上慢。

2. 现在我们把水陆两栖小车与之前的电动小车比较一下，同学们思考它们有哪些不同点呢？首先水陆两栖小车的车轮是质量很轻的圆球，而之前的电力小车是有一定重量的圆柱形；其次是水陆两栖小车在地面和水里都能行驶，而之前的电力小车只能在地面上行驶。

【知识拓展[①]】

车辆历来是军队陆地机动的重要装备，自古以来，江河湖泊等水障是车辆行驶的天然屏障，车辆只能望"水"兴叹。随着技术的发展，集陆地机动和水上机动优点于一身的水陆两栖汽车出现了，拓展了车辆的机动范围，提高了部队的机动能力，在现代武器装备中占有重要的地位。

水陆两栖汽车兼具车与船的特性，既可在陆上行驶，又可泛水浮渡，在军事、经济等领域具有广泛的应用价值。其可用于海军陆战队、登陆与反登陆部队伴随作战保障，用于岛屿部队的物资人员输送和边防部队的执勤巡逻，用于武警公安执行特种任务等。同时，水陆两栖车辆在国民经济的许多行业都有用武之地，如水利水电部门、防汛部门、野外勘测或水上作业的石油地质部门、环保部门、近海及淡水养殖以及水陆运输部门、水上旅游行业等。

为满足水陆两栖汽车陆上、水上行驶和出、入水等各工况的使

---

①吴珂，等. 军用水陆两栖汽车发展现状和发展趋势［J］. 专用汽车，2004（2）：15—16.

用要求，两栖汽车传动系统须具备驱动桥单独工作、推进装置单独工作、驱动桥和推进装置同时工作的三个功能，为此，应在传统汽车底盘的基础上增加推进装置和从驱动桥取力的传动装置等。考虑到前桥和推进装置同时工作，以提高水陆两栖汽车的出水能力，应尽量采用越野汽车底盘进行改造。同时，两栖车应配置无内胎轮胎和轮胎充放气系统，以提高车辆在松软、泥泞地面的通过性。

水陆两栖汽车水中推进方式主要有螺旋桨推进、喷水推进和船用挂机推进等形式。螺旋桨推进是两栖车采用较多的一种方式，技术上较易实现，其效率较高，工作可靠，这也是船艇普遍采用的推进形式。但其存在着传动系统布置较复杂，螺旋桨暴露在车外易损坏、易被水草缠绕等问题。喷水推进速度快、易同时实现转向控制。喷水推动装置由吸水管、泵及喷水管等部件组成，具有防护性好、转向半径小、潜水性能好等优点，但喷水推进只有处于高速时才能获得较高效率，处于低速时其效率低于螺旋桨推进。此外车轮划水也是两栖汽车的推进方式之一，一般为旅游娱乐的两栖车选用，对于军用两栖汽车而言，一般为辅助推进方式。

密封性是水陆两栖汽车水上行驶要解决的首要问题，水下车体和车门是两栖汽车密封的重要部位。为便于密封，两栖汽车悬架应尽量采用独立悬架结构。对于在海上使用的两栖车辆，因海水含有大量盐分，常用的结构金属和合金大多易受海水的腐蚀。同时海水对滑油性能的破坏也很大，长时间浸泡，轴承可能因缺油而失效。因此，除对裸露金属进行防腐处理外，可在轴承油封外加水封垫圈等。对金属车身，需做专门的防腐处理，如挂锌块、涂电解保护膜等。对于主要用于内河、淡水湖泊的两栖汽车，淡水对滑油性能的破坏及对金属的腐蚀较小，只需定期补充滑油。

活动24　无轮刷刷小车

【课标要求】

18：工程技术的关键是设计，工程是运用科学和技术进行设计、解决实际问题和制造产品的活动。

18.3：工程设计需要考虑可利用的条件和制约因素，并不断改进和完善。

5—6年级：根据设计意图分析可利用的资源，简单评估完成一个产品或系统的可行性，预想使用效果。

【活动材料】

材料名称	数量	主要作用
车盘底座	1	基础结构
毛刷	1	作为小车的车轮
小电动机	1	将电能转化为转动动能
钢圈、螺钉	1组	固定小电动机
开关、导线	1组	控制电路开闭
电池	2	提供电能
偏心轴	1	产生振动

1．让学生测试小电动机。将电池的两极与小电动机的两极用两根导线分别连接。闭合开关，观察小电动机是否发生振动。把电池的正极与电动机的负极相连，而把电池的负极与电动机的正极相连，看看小电动机还会不会振动。

2．让学生观察毛刷。毛刷的软毛和弹簧类似，当我们用力向下按压毛刷时，软毛会发生形变；当我们不再用力时，软毛会恢复成原状。

【活动设计】

1．无轮刷刷小车行驶的基本原理是将电池的两极、电动机的两极与开关用导线连接，当开关闭合后，电路中会产生电流，使电动机快速转动，偏心轴在电动机的带动下发生甩动，产生偏心作用，造成刷子上下震动，刷毛产生了弹性形变，刷刷车就是依靠刷毛发生弹性形变产生的弹力而旋转、前进的。当开关断开后，电路中的电流消失，小车因失去动力来源会慢慢地停下来。

2．无轮刷刷小车主要由两个模块组成，其中驱动装置是电池和电动机，从动装置是毛刷的软毛。

【活动制作】

1．安装驱动模块。将电池盒和电动机固定在毛刷上，然后用导线连接好电动机的两极，将偏心轴安装在电动机上。先断开开关，再将两节电池按对应的正负极放入电池盒内。

2．进行测试。将安装好的小车放在水平地面上，将开关闭合，观察小车是否旋转或向前运动。

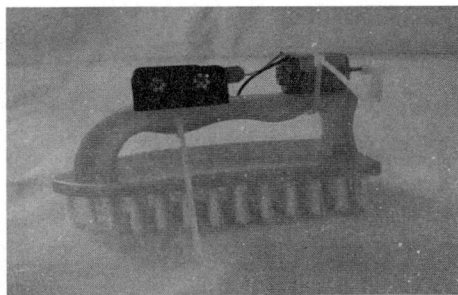

图4-6　无轮刷刷小车整体效果图

【活动反思】

1．测试时我们发现，无轮刷刷小车的旋转或向前运动的速度是由偏心电动机所产生的振动幅度决定的。如果我们把电动机的偏心轴上增加一个配重，那么电动机的偏心程度就会增加，电动机转动时所产生的振动幅度就会增大，刷刷小车的运动速度就会提高。同学们不妨测试一下我们的小车。

2. 生活中我们的手机会发生振动，它的原理和无轮刷刷小车是类似的，因为手机中有一个微型的偏心电动机，是在普通电动机的头上装了一个凸轮，而凸轮的重心并不在电动机的转轴上，在转动时，凸轮做圆周运动，产生离心力，由于离心力的方向随凸轮的转动而不断变化，连续地看就使手机产生了左右方向的较大幅度的摆动，实际上是有上下方向的振动的，但是由于阻力过大使这个方向的振动不是很明显，于是拿在手里的手机就感觉是振动了。另外再跟手机的电路结合起来，当收到信息并需要以振动方式提醒的时候，手机的控制电路就会发出信号，从而会有适当大小的电流输入电动机，带动凸轮转动，于是产生了振动。

【知识拓展①】

振动筛最普遍采用的两种运动轨迹是直线和圆（圆是椭圆的一种特殊情况），产生圆运动轨迹的振动筛被称为圆振动筛。所谓的圆振动筛，就是在垂直于筛面的纵剖面内，筛子参振质量的重心运动轨迹为圆形或近似圆形的振动筛。圆振动筛主要用于物料粒度分级，广泛应用于矿山、冶金、煤炭、筑路和建材等行业。

人类使用筛分机械对矿物原料进行粒度分级已经有几百年的历史，国外从16世纪开始研究并生产筛分机械，开始只是采用十分简单的固定格筛，后来一些矿山开始正式使用滚轴筛、摇动筛和简单的振动筛来进行物料粒度分级，18世纪欧洲工业革命时期，筛分机械得到迅速发展。中国在20世纪50年代末至60年代初开始引进使用并测绘、仿制摇动筛和振动筛，进而为筛分技术和筛分机械的发展打下了一定的基础；从60年代中期起，我国开始自行设计和制造筛分机械，开展新型筛分机械和筛分技术的试验研究工作，并取得了很大成绩，在金属矿山、煤矿和建材行业分别研制出并使用圆振动筛。

①徐文彬，等. 圆振动筛的发展及其技术分析［J］. 矿山机械，2016，44（4）：47—53.

圆振动筛的振动器结构常规上有轴偏心式和块偏心式两种，其在筛机上安装布置方式有单轴、双轴和三轴；其安装位置有三种：振动器安装在筛机参振体的质心位置上，振动器安装在筛机参振体的质心位置上方，振动器安装在筛机参振体的质心位置下方；其运动轨迹有圆和椭圆两种。

单轴振动器圆振动筛的振动器位置安装方式常规上有三种，不同的安装位置会产生不同的运动轨迹，其主要和筛机参振体的质心有关，设计时，要根据筛机结构和被筛分的物料而定。

双轴振动器圆振动筛主要是针对大型圆振动筛而设计的，其工作原理有两种：一种是强迫同步原理；另一种是自同步原理。这两种工作原理的两个轴振动器都是安装在筛箱重心对称的两侧，且两振动器的质心连线通过筛箱重心。双轴强迫同步原理的圆振动筛，两个轴振动器之间采用同步齿形带或齿轮连接，确保偏心质量同步同向旋转，筛机的振动轨迹从给料端到排料端是圆形，且幅值大小相等。

三轴振动器椭圆振动筛是一种兼容直线振动筛和圆振动筛轨迹优点而研发的一种水平安装椭圆振动筛，是移动筛分破碎站上理想的筛分设备，其结构紧凑，高度空间小，振动参数大，筛分效率高，处理量大。

国内现有的圆振动筛除了需要进一步完善好系列化、标准化、通用化外，在结构优化、理论研究、智能化方面还有很大的挖掘空间。针对不同的物料筛分，研制出结构、原理、参数最佳的圆振动筛，不但能为用户提高经济效益，而且能够降低设备的维护费用，减少人工劳动强度。

专题五　智能控制小车设计制作活动

无线遥控是指实现对被控目标的非接触远距离控制，在工业控制、航空航天、家电领域应用广泛。相对电缆连线的优点在于安装成本低，提高了灵活性并降低了维护成本。无线遥控技术在生活中已得到了广泛应用，常用于车辆防盗系统、家庭防盗系统和其他电器遥控装置上。随着学生科技活动的展开，也成为机器人大赛等重要学生科技活动的必选组件之一。无线遥控系统一般由发射器和接收器两部分组成。发射器一般由指令编码电路、调制电路、发射电路等部分组成。接收器一般由接收电路、放大电路、解调电路、指令译码电路组成，最后由驱动电路来驱动执行电路实现各种指令的操作。

人们为了从外界获取信息，必须借助于感觉器官。而单靠人们自身的感觉器官，在研究自然现象和规律以及生产活动中它们的功能就远远不够了。为了适应这种情况，就需要传感器。因此可以说，传感器是人类五官的延长，又被称为电五官。传感器的特点包括：微型化、数字化、智能化、多功能化、系统化、网络化。传感器是实现自动检测和自动控制的首要环节，能感受到被测量的信息，并能将感受到的信息，按一定的规律变换成为电信号或其他所需形式的信息输出，以满足信息的传输、处理、存储、显示、记录和控制等要求。传感器一般由敏感元件、转换元件、变换电路和辅助电源四部分组成，敏感元件直接感受被测量，并输出与被测量有确定关系的物理量信号；转换元件将敏感元件输出的物理量信号转换为电信号；变换电路负责对转换元件输出的电信号进行放大调制。

　　一辆小车的智能控制装置是设计的特色环节，选择不同的控制装置，就需要有不同的传动装置。新课标在技术与工程领域中提出了"技术的核心是发明，是人们对自然的利用和改造"这个大概念，我们就选取六种典型的智能控制装置来分别设计制作六种小车：无线遥控小车、遥控转向小车、巡线行驶小车、触须避障小车、红外避障小车和超声避障小车。

　　无线遥控模块由遥控器、发射模块与接收模块组成。在无线遥控小车的设计制作活动中，我们通过遥控器发出指令，接收模块接收到指令后发出控制信号，然后电路中会产生电流，使电动机快速转动，再通过带轮将动能传递到车轮，实现小车的快速运动。

　　无线转向模块由遥控器、发射模块与接收模块组成。在遥控转向小车的设计制作活动中，我们通过遥控器发出指令，接收模块接收到指令后发出控制信号，然后电路中会产生电流，使电动机快速转动，再通过异形齿轮带动车轮轴水平转动，实现小车运动方向的改变。

　　黑线探测器由控制器、发射端与接收端组成。在巡线行驶小车的设计制作活动中，我们让小车在黑线跑道上行驶，当遇到黑线跑道拐弯处，黑线探测器发出控制信号，然后电路中会产生电流，使电动机快速转动，将电能转化为转动动能，再通过单层齿轮带动车轮轴水平转动，改变小车的运动方向。

　　触须传感器由控制器、机械触须与接收端组成。在触须避障小车的设计制作活动中，我们让小车正常行驶，当红外避障传感器的接收端获取到障碍物反射回来的红外信号时，控制器会发出控制信号，使电动机反向转动，再通过齿轮将动能传递到车轮，实现小车的后退或转弯来躲避障碍。

　　红外避障传感器由控制器、红外发射端与红外接收端组成。在红外避障小车的设计制作活动中，当红外避障传感器的接收端获取到障碍物反射回来的红外信号时，控制器会发出控制信号，使电动机反向转动，再通过齿轮将动能传递到车轮，实现小车的后退或转弯来躲避障碍。

　　超声避障传感器由控制器、超声发射端与超声接收端组成。在超声避障小车的设计制作活动中，当超声避障传感器的接收端获取到障碍物反射回来的超声波信号时，控制器会发出控制信号，使电动机反向转动，再通过齿轮将动能传递到车轮，实现小车的后退或转弯来躲避障碍。

　　通过本专题的六个设计制作活动，我们会发现智能控制小车的一些共同点：一是从动装置完全相同，都是将转动动能传递到四个车轮来实现小车的平稳运动；二是传动装置基本相同，都是将驱动装置所产生的转动动能通过齿轮传递到车轮；三是驱动装置基本相同，都是利用电池提供电能，再通过电动机将电能转化为转动动能；四是都有控制模块，由控制器、发射端与接收端所组成。

　　新课标在课程的基本理念部分指出："小学科学课程倡导以探究式学习为主的多样化学习方式，促进学生主动探究。突出创设学习环境，为学生提供更多自主选择的学习空间和充分的探究式学习机会；强调做中学和学中思，通过合作与探究，逐步培养学生提出科学问题的能力、收集和处理信息的能力、获取新知识的能力、分析问题和解决问题的能力，以及交流与合作的能力等，发展学生的创造性、批判性思维和想象力，培养学生基本的科学伦理精神和热爱科学的品质。"希望通过本专题的设计制作活动，通过对无线遥控器、黑线探测器、触须传感器、红外避障传感器和超声避障传感器的使用，同学们可以进一步理解传感器的工作原理，感受科学技术对我们生活的改变。

活动25　无线遥控小车

【课标要求】

18：工程技术的关键是设计，工程是运用科学和技术进行设计、解决实际问题和制造产品的活动。

18.2：工程的核心是设计。

3-4年级：针对一个具体的任务，按照设计的基本步骤来设计一个产品或完成指定的任务。

【活动材料】

材料名称	数量	主要作用
车盘底座	1	基础结构
车轮	4	使小车平稳行驶
小电动机	1	将电能转化为转动动能
钢圈、螺钉	1组	固定小电动机
开关、导线	1组	控制电路开闭
无线遥控模块	1	根据指令提供电能
带轮	2	传递动能
钢轴	2	连接车轮

1. 让学生观察无线遥控模块。无线遥控模块由遥控器、发射模块与接收模块组成。当遥控器发出控制信号后，经过发射模块转换成电磁波信号在空间传播，遇到接收模块后该信号会被接收，然后转换成控制信号来控制电动机的转动。

2. 让学生测试无线遥控模块。将无线遥控接收模块的两极与小电动机的两极用两根导线分别连接。闭合开关，通过遥控器发出指令，观察小电动机是否快速转动；当遥控器不再发出指令后，观察小电动机是否停止转动。

3．让学生观察带轮。带轮一共有两个：一个小带轮和一个大带轮，它们是小车传动的核心元件。小齿轮、单层齿轮和钢轴紧密配合，这样小电动机转动时会带动小带轮转动，大带齿轮转动时也会带动车轮转动。

【活动设计】

1．无线遥控小车行驶的基本原理是将无线遥控接收模块的两极、电动机的两极与开关用导线连接，当开关闭合后，通过遥控器发出指令，接收模块接收到指令后发出控制信号，然后在电路中会产生电流，使电动机快速转动，将电能转化为转动动能，再通过带轮将动能传递到车轮，实现小车的快速运动。当遥控器不再发出指令后，电路中的电流消失，小车因失去动力来源会慢慢地停下来。

2．无线遥控小车主要由三个模块组成，其中驱动装置是无线遥控模块和电动机，传动装置是齿轮，从动装置是车轮。

【活动制作】

1．安装从动模块。将两根长钢轴贯穿车身底盘的前端和后端，将四个车轮分别安装在两根钢轴的两端，将大带轮安装在前面长轴的中间位置。

2．安装传动模块。将小带轮安装在电动机输出短轴的端部，然后用钢圈和螺钉将电动机固定在底座上。将橡皮筋套在小带轮和大带轮的凹槽内。

3．安装驱动模块。将无线遥控接收模块固定在底座上，然后用导线连接好电动机的两极并断开开关。

4．进行测试。将安装好的小车放在水平地面上，通过遥控器发出指令，观察小车是否向前行驶；当遥控器不再发出指令后，观察小车是否停止运动。

图5-1　无线遥控小车整体效果图

【活动反思】

1. 通过测试我们发现，遥控器只有运动和停止两个按钮，那么我们能够让小车反方向行驶吗？答案是可以。如果我们把无线遥控接收模块的正极与电动机的负极相连，而把接收模块的负极与电动机的正极相连，那么当遥控器发出指令后，电动机中电流的方向就会与原来的方向相反，电动机就会反向转动，小车就会反方向行驶。同学们不妨测试一下我们的小车，看看它能不能反方向行驶。

2. 现在我们把无线遥控小车与之前的电力小车进行对比，同学们认为它们有哪些不同点呢？首先，遥控小车可以实现远程控制，而之前的电力小车要停止运动，就只能断开装在小车上的开关；其次，遥控小车结构比之前复杂了，增加了遥控器、发射模块与接收模块。

【知识拓展[①]】

无线传感器网络已经成为科学研究课题的重要学科，引起工业界和学术界研究学者的关注。在发展的过程中，有关无线传感器网络的解释有很多，随着新技术的更新，无线传感器网络可解释为：它主要是由大量具有通信和计算能力的微小型传感器组成，节点布置于无人值守的监控区域，根据环境可自主完成特定任务的"智能"自主监控网络系统。同时，也可以认为无线传感器网络是一个特殊的网络，可被布置到工作人员无法到达、电源和布线困难的领域当中。

无线传感器网络也是一种全新的信息获取方式，能够监测和采集网络部署区域的数据信息，并可以将采集的数据发送到网络的节点上。随着技术的更新，传感器节点在原来的基础上，功能逐渐增强，出现大量的无线传感器网络节点，具有越来越广阔的应用前景。

战场信息在战场上起着关键作用，它可以决定战争的结果。无线

①熊杰，等. 无线传感器网络应用及发展综述 [J]. 智能城市，2016（12）：50.

传感器网络有自组织性和无中心的特点，当某个节点出现故障时不会连带使整个网络系统出现问题，可应用于战场恶劣的环境当中，将无线传感器网络布置到空投或炮弹传感器节点内部区域或隔离地区，并迅速收集战场信息，快速制定相应的备战策略与战斗计划。

在医学研究中无线传感器网络被大量应用。无线传感器网络应用在控制药物中、医疗辅助诊断中、针对医院的医生和护士及患者状态进行监控等。在无线传感器网络基础设施的医疗条件下，开发出了无线脉搏血氧仪传感器，无线传感器心电图和三轴加速度传感器。

由于无线传感器网络可在无人参与下进行长期工作，它可以有效地长期观察环境的改变状态。无线传感器网络可以在防汛、森林防火监控、生物进化各个领域中使用。

无线传感器网络可用作家庭网络的一部分，可以实现智能、自动化家居环境，无线传感器网络节点可布置在电冰箱、电视机等家用电器上。它不仅可以为人们提供舒适、简单的生活环境，还可以提供人性化的家居智能生活环境。此外，在空间探索、工业技术生产、物流控制等领域具有广泛的应用前景。

在国内，无线传感器网络技术起步相对较晚，但国家和研究机构投资力度相对较大，很多院校对无线传感器网络领域范围内进行了研究。在未来的几年内，这个领域将会在国内产生质的飞跃。

活动26 遥控转向小车

【课标要求】

18：工程技术的关键是设计，工程是运用科学和技术进行设计、解决实际问题和制造产品的活动。

18.3：工程设计需要考虑可利用的条件和制约因素，并不断改进和完善。

3-4年级：对自己或他人设计的想法、草图、模型等提出改进建议，并说明理由。在制作过程中及完成后进行相应的测试和调整。

【活动材料】

材料名称	数量	主要作用
车盘底座	1	基础结构
车轮	4	使小车平稳行驶
小电动机	2	将电能转化为转动动能
钢圈、螺钉	2组	固定小电动机
开关、导线	2组	控制电路开闭
无线遥控模块	1	根据指令提供电能
无线转向模块	1	根据指令提供电能
齿轮	5	传递动能
钢轴	4	连接车轮

1. 让学生观察无线转向模块。无线转向模块由遥控器、发射模块与接收模块组成。当遥控器发出控制信号后，经过发射模块转换成电磁波信号在空间传播，遇到接收模块后该信号会被接收，然后转换成控制信号来控制电动机的转动，进而控制齿轮和钢轴的转动，带动车轮转动方向。

2. 让学生测试无线转向模块。将无线转向接收模块的两极与小电动机的两极用两根导线分别连接。闭合开关，通过遥控器发出指令，观察小电动机是否快速转动；当遥控器不再发出指令后，观察小电动机是否停止转动。

【活动设计】

1．遥控转向小车行驶的基本原理是将无线转向接收模块的两极、电动机的两极与开关用导线连接，当开关闭合后，通过遥控器发出指令，接收模块接收到指令后发出控制信号，然后在电路中会产生电流，使电动机快速转动，将电能转化为转动动能，再通过异形齿轮带动车轮轴水平转动，实现小车运动方向的改变。当遥控器不再发出指令后，电路中的电流消失，小车便保持现有的方向继续运动。

2．遥控转向小车主要由三个模块组成，其中驱动装置是无线遥控模块、无线转向模块和电动机，传动装置是齿轮，从动装置是车轮。

【活动制作】

1．安装从动模块。将长钢轴贯穿车身底盘的前端并安装车轮，将单层齿轮安装在靠近左侧车轮的位置。

2．安装传动模块。将两个小齿轮分别安装在两个电动机输出短轴的端部，选取合适的位置安装双层齿轮，使小齿轮和单层齿轮之间可以相互传动。然后用钢圈和螺钉将电动机固定在底座上。在T型连杆的长轴端选取合适的位置安装双层齿轮，使小齿轮和单层齿轮之间可以相互传动，短轴端安装车轮。

3．安装驱动模块。将无线遥控模块、无线转向模块固定在底座上，然后用导线连接好电动机的两极并断开开关。

4．进行测试。将安装好的小车放在水平地面上，通过遥控器发出指令，观察小车是否可以改变运动方向。

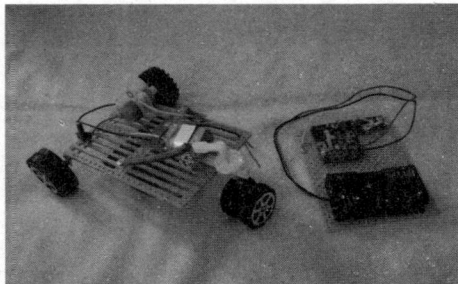

图5-2　遥控转向小车整体效果图

【活动反思】

1．测试时我们发现，转向遥控器有向左和向右两个转向按钮，但只用一个电动机来控制，这是怎样实现的？因为无线转向遥控接收模块的两极与电动机的两极有两组导线相连，当遥控器发出向左转的指令后，电动机就会沿逆时针方向转动，进而带动T型连杆和车轮向左转动；当遥控器发出向右转的指令后，电动机就会沿顺时针方向转动，进而带动T型连杆和车轮向右转动。

2．现在我们把遥控转向小车与之前的无线遥控小车进行对比，同学们认为它们有哪些不同点呢？首先，可以实现向左和向右转弯，而之前的小车只能沿直线行驶；其次，结构比之前更复杂了，又增加了无线转向模块。

【知识拓展①】

无线传感器网络，简称无线传感网，是当前在国际上备受关注的、多学科高度交叉的、应用广泛的前沿热点研究领域。无线传感网技术被认为是21世纪最重要的技术之一，将对人类的生活方式产生巨大的影响。作为一种全新的信息获取和处理方式，传感网受到了国内外学术界和工业界的高度重视。

一个典型的无线传感网的体系结构包括传感器节点、汇聚节点、通信网络和数据中心。传感器节点随机或有规律地部署在观测区域，以多跳自组织的方式组成网络。汇聚节点负责对传感器节点发来的数据分类汇总，通过通信网络将数据传至监控中心。随着微电子技术的发展，微处理器的体积不断缩小，价格日益下降，使得无线传感网的广泛应用成为可能。目前，无线传感网在土遗址保护监测、环境监测、城市交通、目标跟踪、智能家居、军事侦察、野生动植物保护等多个领域有着广泛的应用。

---

①陈昊．无线传感网概述［J］．软件，2016，37（9）：106—107.

　　土遗址材质源于夯土，经过千百年环境侵蚀，其中的很大部分面临垮塌毁灭的危险。研究表明，自然环境是造成土遗址基体受损的主要原因，对土遗址状态影响巨大。无线传感网监测系统能够协作采集网络区域内环境或监测对象的多样信息并进行综合处理，实现动态监测，可以及时发现由于自然环境及外力导致的形变、下沉等隐患，这些细微的变形、裂缝可能导致土遗址的坍塌、毁灭，通过采取调节环境及人为干涉的方式进行预防性保护。

　　军事应用是无线传感网最早应用的领域。无线传感网具备随机部署、自组织、无须人工干预的特点，非常适合监视作战区域，能够对敌方兵力、武器、作战环境进行实时监控，同时能实现目标定位与追踪，为战略决策提供准确有效的依据。

　　环境监测系统是无线传感网的典型应用场合。随着人类对环境日益关注，环境监测人员需要实时获得大量监测区域数据，进行有效的分析和预测。由于监测区域环境的复杂，可能出现极其恶劣、有毒或有害的情况，现场采样会损害监测人员的健康。无线传感网技术的应用实现了对环境信息的实时采集、监测、处理和分析预测，同时提高环境监测效率与安全性。无线传感网的应用使得在野外恶劣环境中随机、实时获取数据成为可能。

　　近年来，由于环境的恶化，人类的乱捕滥猎以及人类活动范围的不断扩大，野生动植物生存受到愈来愈严重的威胁。各种野生动植物的生存正在面临着各种各样的威胁，针对野生动植物保护展开野生动植物行为规律的研究越来越迫切。无线传感网在大范围野生动植物监测中极具优势，研究者可以在不干扰动植物生存环境的情况下，长期、实时、协作的采集监测区域环境和野生动植物活动信息。

　　无线传感网还可以应用于其他一些领域，包括智能电网、农业灌溉自动化控制、药品管理、远程医疗、预警监测和紧急救援等。

活动27　巡线行驶小车

【课标要求】

18：工程技术的关键是设计，工程是运用科学和技术进行设计、解决实际问题和制造产品的活动。

18.3：工程设计需要考虑可利用的条件和制约因素，并不断改进和完善。

5-6年级：根据设计意图分析可利用的资源，简单评估完成一个产品或系统的可行性，预想使用效果。

【活动材料】

材料名称	数量	主要作用
车盘底座	1	基础结构
车轮	4	使小车平稳行驶
小电动机	2	将电能转化为转动动能
钢圈、螺钉	2组	固定小电动机
开关、导线	2组	控制电路开闭
黑线探测器	2	发出控制信号
齿轮	4	传递动能
钢轴	4	连接车轮

1．让学生观察黑线探测器。黑线探测器由控制器、发射端与接收端组成。当黑线探测器的发射端发出光信号后，遇到黑线会反射回来并被接收端获取，然后通过控制器转换成控制信号来控制电动机的转动。

2．让学生测试黑线探测器。将黑线探测器的两极与小电动机的两极用两根导线分别连接。将黑线探测器靠近黑线跑道，观察小电动机是否快速转动；将黑线探测器远离黑线跑道，观察小电动机是否停止转动。

3．让学生观察齿轮。齿轮一共有四个：两个小齿轮和两个单层齿轮，它们是小车传动的核心元件。小齿轮、单层齿轮和钢轴紧密配合，这样电动机转动时会带动小齿轮转动，单层齿轮转动时也会带动车轮转动。

【活动设计】

1. 巡线行驶小车行驶的基本原理是将开关闭合后，小车在黑线跑道上行驶，当遇到黑线跑道拐弯处，黑线探测器发出控制信号，然后电路中会产生电流，使电动机快速转动，将电能转化为转动动能，再通过单层齿轮带动车轮轴水平转动，改变小车的运动方向。当黑线跑道是直线时，遥控器不再发出指令，小车保持现有的方向继续运动，这样便能巡线行驶。

2. 巡线行驶小车主要由三个模块组成，其中驱动装置是黑线探测器和小电动机，传动装置是齿轮，从动装置是车轮。

【活动制作】

1. 安装从动模块。将长钢轴贯穿车身底盘的前端并安装车轮，将单层齿轮安装在靠近左侧车轮的位置。

2. 安装传动模块。将两个小齿轮分别安装在两个电动机输出短轴的端部，然后用钢圈和螺钉将电动机固定在底座上。在T型连杆的长轴端选取合适的位置安装另一个单层齿轮，使小齿轮和单层齿轮之间可以相互传动，短轴端安装车轮。

3. 安装驱动模块。将两个黑线探测器固定在底座下方，然后用导线连接好电动机的两极。先断开开关，再将两节电池按对应的正负极放入电池盒内。

4. 进行测试。将安装好的小车放在水平地面上，将小车前轮放在黑线跑道两侧。闭合开关，观察小车是否可以巡线行驶。

【活动反思】

1. 测试时我们使用的黑线是

图5-3 巡线行驶小车整体效果图

椭圆形的，同学们觉得巡线行驶小车对所巡的黑线有什么特殊要求吗？首先，黑线不能太粗，宽度不能超过小车前轮两个黑线探测器之间的距离；其次，黑线的转弯处不能幅度过大，要平稳过渡，因为黑线探测器要有一个反应时间，小车转弯也需要一些时间。

2. 现在我们把巡线行驶小车与之前的遥控转向小车进行对比，同学们认为它们有哪些不同点呢？首先，可以实现沿特定方向的自动转弯，而之前的小车要转弯，就只能通过控制器发出指令；其次，小车结构比之前更复杂了，需要黑线两组探测和转向控制模块。

【知识拓展①】

利用红外线传感器进行测量工作时，其具有测量速度快，而且灵敏高的特点。红外线传感器可以不直接接触被测物体而进行测量工作。任何自身具有一定的温度的物质都能辐射红外线。利用红外线的反射与折射，散射与干涉以及吸收等物理性能即可进行测量工作。

红外传感器包括光学系统、检测元件和转换电路三个部分。其中光学系统又分为透射式和反射式，是根据结构的不同划分的。检测元件按工作原理的不同又分为热敏检测元件和光电检测元件。在热敏检测元件中常用热敏电阻。利用红外线辐射热敏电阻时，因热敏电阻温度升高而使其电阻发生变化。其电阻发生变化的情况可通过转换电路变成不同的电信号而输出。在光电检测元件中常用光敏元件。光敏元件是利用锗及硅掺杂料、碲镉汞三元合金、砷化锑、砷化铟、硒化铅以及硫化铅等材料制造而成的。

对红外线传感器系统而言，其工作原理不复杂。一个典型的传感器系统各部分的实体分别是：待测目标，大气衰减，光学接收器，辐射调制器，红外探测器，探测器制冷器，信号处理系统和显示设备。

---

①白彦飞. 对我国红外线传感器应用现状及发展趋势的认识［J］. 海峡科技与产业，2017（4）：95—96.

依照上面的流程，红外系统就可以完成相应的物理量的测量。

　　由于红外温度传感器实现了无接触测温、远距离测量高温等功能，而且具有较高的灵敏度，因此其在各行业中得到了广泛的应用。如夜视技术、红外探测器、红外无损探伤、红外气体分析仪等。

　　近年来，传感器正向着微型化、高精度、高可靠性、低功耗、智能化、数字化的方向发展。其发展的结果是产生21世纪新的经济增长点。对传感器而言，其新的应用领域在不断地增长，而且在全世界范围内其市场正处于稳步发展的过程中。传感器领域的主要技术将在现有基础上予以延伸和提高，以加速新一代传感器的开发和产业化。中国的传感器产业经过多年发展已经达到自主研发和生产制造产业化的水平。其行业已初步具备整体发展的规模，并进入可持发展过程。以MEMS为基础的智能化传感器和具有总线能力的传感器将会成为全世界增长最快的产品之一。其市场潜力巨大的领域是研发与应用适用于汽车与过程控制等方面的产品，诸如惯性测量器件、微流量器件、光MEMS器件、压力传感器、加速度传感器、微型陀螺等。在未来的发展过程中，用于汽车安全系统以及汽车车体稳定控制和轮胎监测的传感器将是传感器研发和应用的重点领域。

　　随着现代科学技术突飞猛进，汽车与过程控制等领域对传感器的使用要求会越来越高。这样的发展趋势会为传感器技术发展提供强大的动力。红外传感器作为它的一部分可能会得到更大的发展。

活动28　触须避障小车

【课标要求】

18：工程技术的关键是设计，工程是运用科学和技术进行设计、解决实际问题和制造产品的活动。

18.2：工程的核心是设计。

3–4年级：针对一个具体的任务，按照设计的基本步骤来设计一个产品或完成指定的任务。

【活动材料】

材料名称	数量	主要作用
车盘底座	1	基础结构
车轮	4	使小车平稳行驶
小电动机	2	将电能转化为转动动能
钢圈、螺钉	2组	固定小电动机
开关、导线	2组	控制电路开闭
触须传感器	2	发出控制信号
齿轮	4	传递动能
钢轴	2	连接车轮

1．让学生观察触须传感器。触须传感器由控制器、机械触须与接收端组成。当触须传感器的机械触须遇到障碍物后，机械触须会给接收端一个信号，然后通过控制器转换成控制信号来控制电动机的转动。

2．让学生测试触须传感器。将触须传感器的两极与小电动机的两极用两根导线分别连接。闭合开关，用手碰一下触须传感器的机械触须，观察小电动机是否快速转动；将手拿开，观察小电动机是否停止转动。

3．让学生观察齿轮。齿轮一共有四个：两个蜗轮和两个单层齿轮，它们是小车传动的核心元件。蜗轮、单层齿轮和钢轴紧密配合，这样电动机转动时会带动蜗轮转动，单层齿轮转动时也会带动车轮转动。

【活动设计】

1．触须避障小车行驶的基本原理是将触须传感器的两极、电动机的两极与开关用导线连接，将开关闭合后，当触须传感器的机械触须碰到障碍物时，遥控器发出控制信号，使电动机反向转动，再通过齿轮将动能传递到车轮，实现小车的后退或转弯来躲避障碍。当机械触须没有碰到障碍物时，遥控器不再发出指令，小车保持现有的方向继续运动。

2．触须避障小车主要由三个模块组成，其中驱动装置是触须传感器和电动机，传动装置是齿轮，从动装置是车轮。

【活动制作】

1．安装从动模块。将两根长钢轴贯穿车身底盘的前端和后端，将四个车轮和两个单层齿轮分别安装在两根钢轴的两端。

2．安装传动模块。将两个蜗轮安装在电动机输出短轴的端部，调整电动机的位置，使齿轮之间可以相互传动。然后用钢圈和螺钉将电动机固定在底座上。

3．安装驱动模块。将两个触须传感器固定在底座上，然后用导线连接好电动机的两极。先断开开关，再将两节电池按对应的正负极放入电池盒内。

4．进行测试。将安装好的小车放在水平地面上，将开关闭合，观察小车在行驶过程中如果遇到障碍物，是否能够通过后退或转弯来躲避障碍。

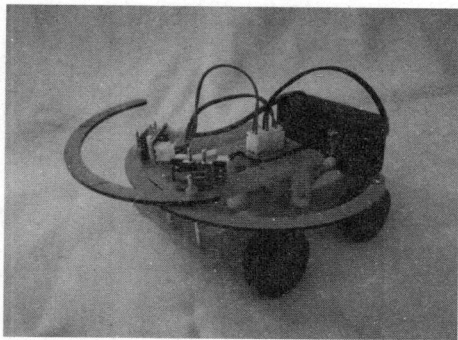

图5-4　触须避障小车整体效果图

【活动反思】

1．测试时我们使用的障碍物是墙面，同学们认为触须避障小车对所避的障碍物有什么特殊要求呢？首先，障碍物不能太矮，高度必须超过小车前轮两个机械触须的高度；其次，障碍物不能太轻，要有足够的重量使小车的机械触须弹簧发生形变进而发出避障信号。

2. 现在我们把触须避障小车与之前的无线遥控小车进行对比，同学们思考它们有哪些不同点呢？首先，避障小车可以在发现障碍物后就自动转弯或反方向行驶，而之前的遥控小车就只能停止运动；其次，避障小车结构比之前更复杂了，增加了两组触须传感器。

【知识拓展①】

遥感仪器技术不断发展，已从点目标探测、扫描成像、多光谱扫描成像发展到超光谱成像，愈来愈广泛地应用于天气预报、自然灾害和地球环境监测、海洋、航空、航海及农业、渔业、军事遥感等领域。红外探测器也由单波段单元器件、多元器件、多波段线列器件向单波段红外焦平面、多波段红外焦平面和灵巧型集成探测器组件发展。两方面技术互相推动，促进了航天红外探测器在气象、资源、对地观测及军用遥感等重要卫星系列中的广泛应用，产生了显著的社会效益和经济效益。

极轨气象卫星系列用红外探测器，属太阳同步卫星的极轨气象卫星，轨道高度在600—1600千米，每天能获取全球气象资料两次，其中主要有辐射计和垂直探测仪两类红外仪器。

静止气象卫星系列用红外探测器，属地球同步卫星的静止气象卫星，轨道高度在36000千米左右，一般每30秒就能获取地球近1/4面积的气象云图，其中主要有成像仪和垂直探测仪两类红外仪器。

资源环境卫星系列用红外探测器，其中主要有扫描仪、超光谱成像仪、垂直探测仪和红外相机四类红外仪器。资源环境卫星用于地球

---

①龚海梅，等. 航天红外探测器的发展现状与进展［J］. 红外与激光工程，2008，37（1）：18—24.

资源、环境探测和海洋监视等，一般在地球同步轨道。由于其在国民经济的重要性，各国都在以不同的卫星系列大力发展遥感技术，包括陆地卫星、地球遥感卫星、资源卫星、环境卫星、海洋卫星等不同系列。

对地观测系统是获取空间对地信息、促进地球系统科学和空间信息科学等学科发展的支柱。以美国为代表的EOS卫星系列计划推动了世界对地观测技术的迅猛发展，也极大地发挥出了红外探测器技术的作用。

由于其他卫星系列的应用领域十分广泛，难以进行细致分类，且由于许多仪器和红外器件尚未得到应用，公开报道的资料十分有限，但根据系统应用情况，可以将主要的红外仪器大致分为辐射计或成像仪、大气垂直探测仪、成像光谱仪、扫描仪、超光谱和红外相机六大类。在气象卫星中，由于业务运行定量化和可靠性的要求，以辐射计或成像仪和大气垂直探测仪为主，红外探测器也以单元和多元为主。在其他卫星系列中，主要应用和发展的是扫描仪、红外相机、成像光谱仪、超光谱等红外仪器，并对多元、线列和面阵红外焦平面，尤其是对近红外、短波红外和中波红外的1000—6000元扫描型长线列红外焦平面有大量需求，由于红外焦平面的定标技术目前还存在一定的难点，在业务运行的定量化应用方面受到限制。从红外波段上看，航天遥感主要应用到中长波红外，并扩展到短波红外，超长波红外主要应用在大气垂直探测仪。

活动29　红外避障小车

【课标要求】

18：工程技术的关键是设计，工程是运用科学和技术进行设计、解决实际问题和制造产品的活动。

18.3：工程设计需要考虑可利用的条件和制约因素，并不断改进和完善。

3-4年级：对自己或他人设计的想法、草图、模型等提出改进建议，并说明理由。在制作过程中及完成后进行相应的测试和调整。

【活动材料】

材料名称	数量	主要作用
车盘底座	1	基础结构
车轮	4	使小车平稳行驶
小电动机	2	将电能转化为转动动能
钢圈、螺钉	2组	固定小电动机
开关、导线	2组	控制电路开闭
红外避障传感器	2	发出控制信号
齿轮	5	传递动能
钢轴	3	连接车轮

1. 让学生观察红外避障传感器。红外避障传感器由控制器、红外发射端与红外接收端组成。红外避障传感器发射端可以发出红外线，当遇到红外线障碍物后会反射回来而被接收端获取，然后控制器会给出一个信号来控制电动机的转动。

2. 让学生测试红外避障传感器。将红外避障传感器的两极与小电动机的两极用两根导线分别连接。闭合开关，用手挡在红外避障传感器的前面，观察小电动机是否快速转动；将手拿开，观察小电动机是否停止转动。

3．让学生观察齿轮。齿轮一共有五个：两个蜗轮、两个单层齿轮和一个双层齿轮，它们是小车传动的核心元件。蜗轮、单层齿轮和钢轴紧密配合，这样电动机转动时会带动蜗轮转动，单层齿轮转动时也会带动车轮转动。双层齿轮和钢轴松弛配合，这样双层齿轮转动时不会带动其他元件转动。

【活动设计】

1．红外避障小车行驶的基本原理是将红外避障传感器的两极、电动机的两极与开关用导线连接，将开关闭合后，当红外避障传感器的接收端获取到障碍物反射回来的红外信号时，控制器会发出控制信号，使电动机反向转动，再通过齿轮将动能传递到车轮，实现小车的后退或转弯来躲避障碍。当红外避障传感器没有接收到信号时，控制器不会发出指令，小车保持现有的方向继续运动。

2．红外避障小车主要由三个模块组成，其中驱动装置是红外避障传感器和电动机，传动装置是齿轮，从动装置是车轮。

【活动制作】

1．安装从动模块。将两根长钢轴贯穿车身底盘的前端和后端，将四个车轮和两个单层齿轮分别安装在两根钢轴的两端。

2．安装传动模块。将两个蜗轮安装在电动机输出短轴的端部，选取合适的位置安装双层齿轮，使齿轮之间可以相互传动。然后用钢圈和螺钉将两个电动机固定在底座上。

3．安装驱动模块。将两个红外避障传感器固定在底座上，然后用导线连接好电动机的两极。先断开开关，再将两节电池按对应的正负极放入电池盒内。

4．进行测试。将安装好的小

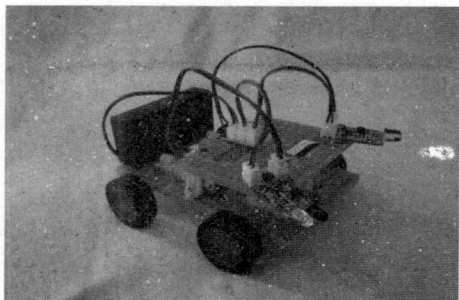

图5-5　红外避障小车整体效果图

车放在水平地面上，将开关闭合，观察小车行驶过程中如果遇到障碍物，是否能够通过后退或转弯来躲避障碍。

【活动反思】

1. 红外避障方法有哪些优点呢？首先，远距离测量，在无反光板和反射率低的情况下能测量较远的距离；其次，测量范围广，响应时间短，外形设计紧凑，体积小，质量轻，易于安装，便于操作，而且不会受到电磁波的干扰，适合于恶劣的工业环境中。

2. 现在我们把红外避障小车与之前的触须避障小车进行对比，同学们思考它们有哪些不同点呢？主要是红外避障小车可以通过红外避障传感器提前识别障碍物后就自动转弯或反方向行驶，属于非接触式的避障方法；而之前的触须避障小车就只能在接触到障碍物后才能转弯或反向行驶。

【知识拓展①】

超声波传感器是移动机器人避障、测距常用传感器之一。超声波传感器测距有以下优点：纵向分辨率较高；可识别透明、半透明及漫反射差的物体；可用于黑暗、有灰尘或烟雾、电磁干扰强等恶劣环境中；基于超声波传感器的感测系统易于实现小型化和集成化。超声波传感器最常用的测距方法是回波探测法。但超声波传感器存在测量盲区，测量盲区是由于超声波传感器的串扰、控制器控制性能、超声波传感器性能等多重因素引起的，因此超声波传感器无法检测近距离障碍物。红外测距的优点是无盲区、测量精度高、反应速度快、方向性强，其缺点是受环境影响较大、探测距离较近。因此本文设计了基于超声波传感器与红外传感器的移动机器人感测系统，采用红外传感器与超声波传感器互补，使机器人具有更大的感测范围。

---

①丁立军，等. 基于超声波传感器与红外传感器的移动机器人感测系统研制［J］. 南通大学学报（自然科学版），2008，7（2）：13—17.

在超声波发射电路中，通过软件编程方式，产生脉冲信号，输出到发射电路中。采用软件延时方式每隔一段时间发射一次，通过定时器计算发射到接收信号所用的时间，从而计算障碍物距离。发射间隔时间必须大于发射到接收回波时间。虽然发射间隔时间越长，检测越可靠，但机器人对障碍物反应越慢、实时性越差。实验表明，每次只要发射三个脉冲，就可以使超声波传感器工作。

当周围障碍物较杂乱的时候，超声波存在多次反射现象。在实验中，将传感器指向房间一个堆有杂乱物体的角落，超声波经过多次折射后，引起的接收系统不断动作。此时对单次测距影响不大，只需增加盲区时间，在盲区时间过后感测到第一个脉冲下降沿后（第一个下降沿是离传感器最近物体的反射信号）就关闭单片机中断。但对连续测距来说，两次测距间必须保持一定时间间隔，等前一次发射的超声波基本衰减消失后，再启动下一次测距。为保证发射信号不会使红外接收管产生误触发，我们将红外接收管四周用黑色绝缘胶带封住，使接收管只能接收前方的红外反射信号。

红外传感系统按照产生和区分控制指令的方式来划分，主要有频分制和码分制。其中的频分制是发射电路直接用不同频率的指令信号驱动红外发射器件发射不同频率的近红外光信号。频分制系统由多频振荡电路及频率选择电路构成。红外发射二极管是一种电流驱动组件，为减少发射系统电源损耗，延长发光管使用寿命以及提高遥控发射距离，本课题采用脉动直流电流驱动方式。由于发射的是脉动红外光，而且具有特定频率，因此环境光线干扰均在接收选频电路中被滤除。红外光的有效传输距离正比于驱动峰值功率，而峰值功率又与所加驱动峰值电流成正比，因此调节驱动电流可以调节检测距离。

活动30　超声避障小车

【课标要求】

18：工程技术的关键是设计，工程是运用科学和技术进行设计、解决实际问题和制造产品的活动。

18.3：工程设计需要考虑可利用的条件和制约因素，并不断改进和完善。

5-6年级：根据设计意图分析可利用的资源，简单评估完成一个产品或系统的可行性，预想使用效果。

【活动材料】

材料名称	数量	主要作用
车盘底座	1	基础结构
车轮	4	使小车平稳行驶
小电动机	2	将电能转化为转动动能
钢圈、螺钉	2组	固定小电动机
开关、导线	2组	控制电路开闭
超声避障传感器	2	发出控制信号
齿轮	4	传递动能
钢轴	2	连接车轮

1. 让学生观察超声避障传感器。超声避障传感器由控制器、超声发射端与超声接收端组成。超声避障传感器发射端可以发出超声波，当遇到超声波障碍物后会反射回来而被接收端获取，然后控制器会给出一个信号来控制电动机的转动。

2. 让学生测试超声避障传感器。将超声避障传感器的两极与小电动机的两极用两根导线分别连接。闭合开关，用手挡在超声避障传感器的前面，观察小电动机是否快速转动；将手拿开，观察小电动机是否停止转动。

　　3．让学生观察齿轮。齿轮一共有四个：两个蜗轮和两个单层齿轮，它们是小车传动的核心元件。蜗轮、单层齿轮和钢轴紧密配合，这样电动机转动时会带动蜗轮转动，单层齿轮转动时也会带动车轮转动。

【活动设计】

　　1．超声避障小车行驶的基本原理是将超声避障传感器的两极、电动机的两极与开关用导线连接，将开关闭合后，当超声避障传感器的接收端获取到障碍物反射回来的超声波信号时，控制器会发出控制信号，使电动机反向转动，再通过齿轮将动能传递到车轮，实现小车的后退或转弯来躲避障碍。当超声避障传感器没有接收到信号时，控制器不会发出指令，小车保持现有的方向继续运动。

　　2．超声避障小车主要由三个模块组成，其中驱动装置是超声避障传感器和电动机，传动装置是齿轮，从动装置是车轮。

【活动制作】

　　1．安装从动模块。将两根长钢轴贯穿车身底盘的前端和后端，将四个车轮和两个单层齿轮分别安装在两根钢轴的两端。

　　2．安装传动模块。将蜗轮安装在电动机输出短轴的端部，调整电动机的位置，使齿轮之间可以相互传动。然后用钢圈和螺钉将电动机固定在底座上。

　　3．安装驱动模块。将两个超声避障传感器固定在底座上，然后用导线连接好电动机的两极。先断开开关，再将两节电池按对应的正负极放入电池盒内。

　　4．进行测试。将安装好的小车放在水平地面上，将开关闭

图5-6　超声避障小车整体效果图

合，观察小车在行驶过程中如果遇到障碍物，是否能够通过后退或转弯

来躲避障碍。

【活动反思】

1. 超声避障方法有哪些优点呢？首先，超声波测距相比红外测距价格更加便宜，相应的感应速度和精度也逊色一些。其次，由于需要主动发射声波，所以对于太远的障碍物，精度也会随着声波的衰减而降低。再次，对于海绵等吸收声波的物体或者在大风干扰的情况下，超声波将无法工作。

2. 现在我们把超声避障小车与之前的红外避障小车进行对比，同学们思考它们有哪些不同点呢？超声避障小车可以通过超声避障传感器提前识别障碍物后就自动转弯或反向行驶，属于非接触式的避障方法，和红外避障的方法类似，只是检测信号的类型不同：一个是超声波信号，另一个是红外线信号。

【知识拓展①】

超声波传感器是利用超声波的特性研制而成的传感器。超声波传感器具有成本低、安装维护方便、体积小、可实现非接触测量，同时不易受电磁、烟雾、光线、被测对象颜色等影响，能实现在黑暗、有灰尘、烟雾、电磁干扰和有毒等环境下工作。因此在工业领域得到广泛的应用。

超声波定位技术是蝙蝠等一些无目视能力的生物作为防御天敌及捕获猎物的生存手段，这些生物体可发射人们听不到的超声波（20kHz 以上的机械波），借助空气介质传播，根据猎物或障碍物反射回波的时间间隔及强弱，判断猎物的性质或障碍物的位置。人们根据仿生学原理，开发出了超声波测距和无损探伤等一系列实用的超声波传感器。

超声波传感器是一种可逆换能器，利用晶体的压电效应和电致伸

---

①韦兴平，等. 超声波传感器应用综述［J］. 工业控制计算机，2014，27（11）：136—138.

缩效应，将机械能与电能相互转换，实现对各种参量的测量。超声波发生器可分为两大类：一类是用电气方式产生超声波，一类是用机械方式产生超声波。电气类包括压电型、磁致伸缩型和电动型等；机械类包括加尔统笛、液哨和气流旋笛等。它们所产生的超声波频率、功率和声波特性各不相同，因而用途也有所不同。目前常用的是压电式超声波发生器，它是利用压电晶体的谐振来工作的，该传感器有两个压电晶片和一个共振板，当其两极外加脉冲信号，且频率等于压电晶片的固有振荡频率时，压电晶片将会发生共振，并带动共振板振动产生超声波。反之，如果两电极间未外加电压，当共振板接收到超声波时，将迫使压电晶片振动，将机械能转换为电信号，这时它就成为超声波接收器。根据回波与发射波之间的时间差或是回波的强弱，超声波传感器即可得到被测物距离或属性。

超声波测距的基本原理是超声波发射传感器发出声波，声波遇到被测物体返回至超声波接收传感器，根据声波的传输时间，即可计算出被测距离。超声波测距原理简单、数据处理速度快、安装维护方便和成本低，在液位测量、机器人避障及精确测距定位等方面得到广泛的应用。

超声波的测量盲区由两个因素造成：一是超声波传感器发射信号过后，换能器存在余振，如果发射信号后立即打开接收电路，余振信号会引起误判断。一般在启动发射信号后，要延迟一段时间再打开接收电路，这段时间无法检测超声波的传播距离，因此会存在测量的盲区。超声波的余振信号强弱跟换能器的性能、发射信号的强弱有关。通过提高换能器的性能和减小发射信号的功率可降低余振，减少盲区。二是一体化探头的超声波传感器需要控制器通过切换电路控制发射和接收，切换的时间间隔也会产生盲区。可以采用更高主频的控制器和更快的切换电路来减少此类盲区的出现。

专题六　电动机械模型设计制作活动

　　电动机械模型的设计制作活动是小学科学技术与工程领域的重要组成部分，与之前的小车制作相比，从动装置不全是车轮，而是可以实现不同功能的小型装置。本专题以小电动机和小发电机为主线，分别设计制作电动三球仪、电动升降机、电动摩天轮、电动绘图仪、电动甩干机、电动滑行机、电磁荡秋千、手摇发电机、风力发电机和温差发电机等十个电动机械模型。

　　三球仪可以生动地刻画太阳、地球、月亮之间相对运动规律，可以模拟出太阳、地球、月亮三者在宇宙空间的相对位置，并能够形象地表明地球、月球的运动状态，科学地解释由此产生的各种自然现象。在电动三球仪的设计制作活动中，我们用电池提供电能，用电动机将电能转化为转动动能，再通过齿轮将动能传递到三个电动球，实现太空球的规则转动。

　　升降机平台是一种多功能升降机械设备，适合于机场候机楼、飞机抢修、车站、码头、商场、体育场馆、小区物业、厂矿车间等较大范围的高空连续作业。它是现代高大建筑、设备之理想配备产品，是高空安全文明生产之必备产品。在电动升降机的设计制作活动中，我们用电池提供电能，用电动机将电能转化为转动动能，再通过齿轮转动来带动细绳向上移动，实现电动升降台的向上运动。

　　摩天轮是一种大型转轮状的机械建筑设施，上面挂在轮边缘的是供乘客搭乘的座舱。乘客坐在摩天轮慢慢地往上转，可以从高处俯瞰四周景色。根据运作机构的差异，摩天轮可分为重力式摩天轮和观景摩天轮两种。在电动摩天轮的设计制作活动中，我们用电池提供电能，用电动机将电能转化为转动动能，再通过齿轮将动能传递到大转轮，实现摩天轮座椅的水平旋转运动。

绘图仪是一种能按照人们要求自动绘制图形的设备。它可将计算机的输出信息以图形的形式输出。绘图仪主要可绘制各种管理图表和统计图、大地测量图、建筑设计图、电路布线图、各种机械图与计算机辅助设计图等。在电动绘图仪的设计制作活动中，我们用电池提供电能，用电动机将电能转化为转动动能，再通过齿轮将动能传递到绘图笔，实现绘图仪的自动绘图。

做圆周运动的物体，由于本身的惯性，总有沿着圆周切线方向飞去的倾向，在所受合外力突然消失或不足以提供圆周运动所需的向心力的情况下，就会做逐渐远离圆心的运动，这种现象称为离心现象。在电动甩干机的设计制作活动中，我们用电池提供电能，用电动机将电能转化为转动动能，通过齿轮逐级将动能传递到甩干桶，实现甩干桶的快速转动。

相互作用的两个物体之间存在作用力和反作用力。它们总是大小相等，方向相反，分别作用在两个不同的物体上，各自产生的作用效果不同。没有反作用力的作用力是不存在的。在电动滑行机的设计制作活动中，我们用电池提供电能，用电动机将电能转化为转动动能，进而带动风扇叶片转动，再通过风扇叶片转动产生向后的风力，而滑行机自身会受到向前的空气反冲力，进而向前运动。

安培力是通电导线在磁场中受到的作用力。实验表明：把一段通电直导线放在磁场里，当导线方向与磁场方向垂直时，电流所受的安培力最大。安培力的重要意义在于，进一步指出了电与磁的相互联系。在电磁荡秋千的设计制作活动中，我们用电池提供电能，长导线中会产生电流，电流在底部磁铁所产生的磁场中会受到力的作用，进而带动秋千椅向前运动，电能转化为动能。

手摇发电机与普通发电机没有多少区别，就是线圈在磁场中旋转，只不过动力是人力罢了。便携式手摇操作发电电源主要为小功率通信电台、对讲机、笔记本电脑、手机、摄像机、数码相机、手电照明等便携式产品供电或充电。在手摇发电机的设计制作活动中，我们用手转动摇杆，再通过齿轮将动能传递到发电机，带动发电机中的线圈在磁场当中做切割磁感线运动产生电能，小台灯会发光。

风力发电机是将风能转换为机械功，并带动发电机运转来发电的。从能量转换的角度看，风力发电机组由两大部分组成：一是风力机，它的功能是将风能转换为机械能；二是发电机，它的功能是将机械能转换为电能。在风力发电机的设计制作活动中，我们用电风扇提供风能，风能会使另一个扇叶转动，将风能转化为转动动能，进而带动发电机转动产生电能，使发光二极管发出亮光。

在温度梯度下导体内的载流子从热端向冷端运动，并在冷端堆积，从而在材料内部形成电势差，同时在该电势差作用下产生一个反向电荷流，当热运动的电荷流与内部电场达到动态平衡时，半导体两端形成稳定的温差电动势。半导体的温差电动势较大，可用作温差发电机。在温差发电机的设计制作活动中，我们用温差发电元件将热能转化为电能，使电动机快速转动，进而带动扇叶转动。

新课标在课程性质部分指出："小学科学课程是一门综合性课程。理解自然现象和解决实际问题需要综合运用不同领域的知识和方法。小学科学课程针对学生身边的现象，从物质科学、生命科学、地球和宇宙科学、技术与工程四个领域，综合呈现科学知识和科学方法，强调这四个领域知识之间的相互渗透和相互联系，注重自然世界的整体性，发挥不同知识领域的教育功能和思维培养功能；注重学习内容与已有经验的结合、动手与动脑的结合、书本知识学习与社会实践的结合、理解自然与解决问题的结合，着力提高学生的综合能力。"希望通过本专题的设计制作活动，通过对小电动机和小发电机的使用，同学们可以进一步理解"人们为了使生产和生活更加便利、快捷、舒适、创造了丰富多彩的人工世界"这个大概念，善于观察，勤于思考。

活动31　电动三球仪

【课标要求】

18：工程技术的关键是设计，工程是运用科学和技术进行设计、解决实际问题和制造产品的活动。

18.2：工程的核心是设计。

3-4年级：针对一个具体的任务，按照设计的基本步骤来设计一个产品或完成指定的任务。

【活动材料】

材料名称	数量	主要作用
太空仪主架	1	基础结构
太空球	3	演示星球运动
小电动机	1	将电能转化为转动动能
钢圈、螺钉	1组	固定小电动机
开关、导线	1组	控制电路开闭
电池	2	提供电能
齿轮	3	传递动能
钢轴	3	固定太空球

1. 让学生观察太空仪底座。太空仪底座的上表面内侧有齿纹，这个齿纹可以和齿轮相互配合，让齿轮在其上进行转动。

2. 让学生观察齿轮。齿轮一共有三个：一个小齿轮、一个中齿轮和一个大齿轮，它们是太空球转动的核心元件。齿轮和钢轴紧密配合，这样电动机转动时会带动齿轮转动，齿轮转动时也会带动太空球转动。

【活动设计】

1. 电动三球仪的基本传动原理是将电池的两极、电动机的两极与开关用导线连接，当开关闭合后，电路中会产生电流，使电动机快速转动，电能转化为转动动能，再通过齿轮将动能传递到太空球，实现太空球的规则转动。当开关断开后，电路中的电流消失，太空球因失去动力来源会慢慢地停下来。

2. 电动三球仪主要由三个模块组成，其中驱动装置是电池和电动机，传动装置是齿轮，从动装置是太空球。

【活动制作】

1. 安装从动模块。将两根钢轴贯穿三球仪底座，用连杆固定好另一根钢轴，将三个太空球安装在三根钢轴的另一端。

2. 安装传动模块。将小齿轮安装在电动机输出短轴的端部，将中齿轮和大齿轮安装在底座的合适位置，使齿轮之间可以相互传动。然后用钢圈和螺钉将电动机固定在底座上。

3. 安装驱动模块。将电池盒固定在底座上，然后用导线连接好电动机的两极。先断开开关，再将两节电池按对应的正负极放入电池盒内。

4. 进行测试。将安装好的电动三球仪放在水平地面上，将开关闭合，观察太空球的转动是否与太阳、地球、月亮的转动相似。

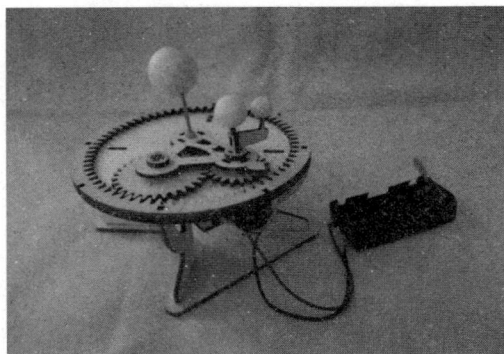

图6-1　电动三球仪整体效果图

【活动反思】

1. 通过测试我们发现，太空球的转动方向由电动机的转动方向决定。如果我们把电池的正极与电动机的负极相连，而把电池的负极与电动机的正极相连，那么，电动机中电流的方向就会与原来的方向相反，电动机就会反向转动，太空球就会反方向转动。同学们不妨测试一下我们的三球仪。

2. 现在我们把电动三球仪的齿轮传动与之前的电动小车比较一下，同学们觉得它们有哪些不同点呢？首先，太空三球仪的主架上表面内侧有齿纹，而之前的小车没有用到过这类齿轮；其次，三球仪在传动过程中除了相邻的齿轮相互配合，相邻的齿轮轴用连杆连接起来用于辅助传动。

【知识拓展①】

日食是一种奇异壮观的天象，自古以来就一直吸引着人们的注意。古代对日食进行过长期的观测和深入的探讨，取得了很大的成绩。远古的人们看到太阳被一个黑影一点一点侵蚀掉，认为是怪物把太阳吞食了。惊骇之下他们在一起擂鼓呐喊，用各种方式想把怪物吓退。不多久，太阳又逐渐露出脸来，天空重现光明。人们为帮助太阳打退了怪物的侵犯而欢欣鼓舞。现在看来这是很荒诞的，但在古代却是很自然的。不但中国，世界各个古老的民族都有过这类经验。后来中国把日食记作日有食或日有食之，就是这种原始知识的遗迹。

关于日食的具体规律现存最早的记载是《史记·天官书》中的交食周期和《汉书·律历志》中所载的《三统历》（《太阳历》，公元前104年）中的交食周期（《太初历》中还有计算月食的方法）。而比较完整的日食计算方法最早见于三国时杨伟编的《景初历》（237）。然而种种迹象表明，在春秋时代（公元前815年）就有了一定的日食、月食预报方法。《春秋》一书所载的37次日食记录中有几次是食分不大的偏食，如果没有预报，人们是不会注意到它的发生的。由于统治阶级认为日食是上天的警告，因而在很长时期内把日食预报方法视为

---

①薄树人. 中国古代的日食研究［J］. 天文爱好者，2008（5）：36—37.

机密而不予公布。

古代只能倚仗肉眼来进行观测。可是，日光十分强烈，除了日全食之外，人们无法用眼睛直接观测。智慧的古人发明了一些观测工具。公元前1世纪的天文学家京房就提出在日食之前将一盆水放在院子里，日食发生时，去看盆中映出的太阳，这样可以避免直接接触太阳光。后来人们又改用一盆油，进一步减少了日光的刺激。最巧妙的是元代大天文学家郭守敬，他发明了一种仪器叫仰仪，这是一个半球面形的仪器，里面刻着赤道坐标网，在半球面的中心有一块小板，板上有一个小孔。日光通过小孔在内球面上形成一个太阳像。从这个像在坐标网中的位置马上可以读出日食的初亏、食甚、复圆时刻并估计出它的食分。明末望远镜传入后，徐光启用它来观测日食。他在一间暗室中开了一条缝。日光从缝里射进望远镜，投射到目镜后面的一张纸上，形成一个清晰的太阳像。观测这个太阳像的变化可以测定各个食相的时刻，并能较准确地定出日食食分。

由于古代把日食视为上天的警告，因此官方天文机构对这个天象观测项目抓得很紧，设有专人负责，整日观测日面的变化（当然，除了日食之外也兼观测其他现象，如太阳黑子，太阳周围的晕、云气等等）。秦汉以前的观测家被称为日官或日御，秦汉时代称之为史官。观测以后所做的记录称为"注记"或"候簿"。汉以后随着天文机构名称的变化，观测者的职称也随之变化，但具有这种职责的观测者是始终存在的。《春秋》一书记录了日食37次，它开创了史书中记载日食的先例，使我国丰富的日食资料得以流传后世。到了汉代，日食记录的内容更为丰富。

活动32　电动升降机

【课标要求】

18：工程技术的关键是设计，工程是运用科学和技术进行设计、解决实际问题和制造产品的活动。

18.3：工程设计需要考虑可利用的条件和制约因素，并不断改进和完善。

3-4年级：对自己或他人设计的想法、草图、模型等提出改进建议，并说明理由。在制作过程中及完成后进行相应的测试和调整。

【活动材料】

材料名称	数量	主要作用
升降机主架	1	基础结构
升降台	4	可以上下运动
小电动机	1	将电能转化为转动动能
钢圈、螺钉	1组	固定小电动机
开关、导线	1组	控制电路开闭
电池	2	提供电能
齿轮	2	传递动能
细绳	1	拉动升降台

1. 让学生测试小电动机。将电池的两极与小电动机的两极用两根导线分别连接。闭合开关，观察小电动机是否快速转动。把电池的正极与电动机的负极相连，而把电池的负极与电动机的正极相连，看看小电动机会不会反向转动。

2. 让学生观察齿轮。齿轮一共有两个：一个小齿轮和一个单层齿轮，它们是电动升降机传动的核心元件。小齿轮、单层齿轮和钢轴紧密配合，这样电动机转动时会带动小齿轮转动，单层齿轮转动时也会带动钢轴转动。

【活动设计】

1. 电动升降机的基本运行原理是将电池的两极、电动机的两极与开关用导线连接，当开关闭合后，电路中会产生电流，使电动机快速转动，电能转化为转动动能，再通过齿轮转动带动细绳向上移动，实现电动升降台的向上运动。当闭合反向开关后，电动机反向转动，实现电动升降台的向下运动。

2. 电动升降机主要由三个模块组成，其中驱动装置是电池和电动机，传动装置是齿轮，从动装置是升降台。

【活动制作】

1. 安装从动模块。将钢轴贯穿升降机主架并将单层齿轮安装在中间位置，用细线的一端固定好升降台，另一端固定在钢轴上。

2. 安装传动模块。将小齿轮安装在电动机输出短轴的端部，调整电动机的位置，使齿轮之间可以相互传动。然后用钢圈和螺钉将电动机固定在底座上。

3. 安装驱动模块。将电池盒固定在底座上，然后用导线连接好电动机的两极。先断开开关，再将两节电池按对应的正负极放入电池盒内。

4. 进行测试。将安装好的电动升降机放在水平地面上，将开关闭合，观察升降台是否能够升起。

【活动反思】

1. 测试时我们发现，升降台的运动方向由电动机的转动方向决定。如果我们把电池的正极与电动机的负极相连，而把电池的负极与电动机的正极相连，那么电动机中电流的方向就会与原来的方向相反，电动机就会

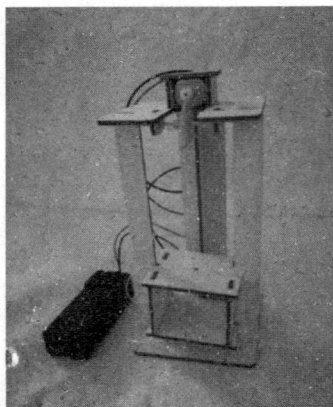

图6-2　电动升降机整体效果图

反向转动,升降台就会下降。同学们不妨测试一下我们的升降台。

2. 现在我们把电动升降机与之前的电动小车比较一下,同学们思考它们有哪些相似点呢?首先,它们的驱动装置都是电池和电动机,传动装置都是齿轮;其次,电动机反转都会使从动装置的运动方向发生改变,升降台从上升变为下降,电动小车从前进变为后退。

【知识拓展①】

近年来,随着中国经济的进一步发展以及房地产业的持续繁荣,用户对电梯的要求也在不断提高。观光电梯作为比较高档的电梯,不再像以往单纯地出现在高档酒店或高端商务场所,在很多其他建筑甚至住宅小区中也频频得到使用。越来越多的设计师和开发商倾向于通过使用观光电梯来美化建筑物的外观和提升建筑物的档次。

随着需求的增加,用户对观光电梯个性化设计的需求也随之增加,越来越多的客户不再满足于仅是正面(单面)或正侧面(三面)等观光区域(视野)较小的观光电梯,而进一步提出要求安装观光角度达360°,可四面观光的"全透明"观光电梯。而且类似的需求正在逐年增加。

观光电梯都是基于已有的乘客电梯系统,基本可划分为"有机房"和"无机房"两类。无机房观光电梯虽然出现得相对较晚,但由于其系统布置方式的优势,发展势头相当快。观光电梯除了满足最基本的载客功能,还应成为建筑物的一道流动的风景线,为其增添一抹亮色。因此,观光电梯的外观美观与否,观光电梯的小环境是否能和周围的大环境融为一体都是非常重要的。

电梯井道两侧可能会对观光电梯外观有所影响的部件有曳引机、控制屏、附属屏、群控屏、称量装置、终端开关底座及其安装臂、平

---

①张亦婧. 观光电梯的整体外观优化浅谈 [J]. 中国电梯,2019,30(16):65—69.

层装置隔磁板及其安装臂、井道电缆吊架、重防护隔板等。应当根据建筑室内风格和色系，对井道可视部件及井道钢结构统一喷涂颜色。

电梯井道内的电线电缆有很多种，主要有控制线缆（控制柜到曳引机、轿顶站、门机等），信号线缆（操纵箱、层站召唤、限速器、平层装置、终端装置到控制柜）等。这些电线电缆如果在井道内随意布置连接，就会显得异常杂乱。因此，建议统一配置线槽（线槽颜色最好和井道钢结构颜色相同或相近），线槽利用钢结构竖梁或圈梁搭建，从线槽内布线，做到横平竖直，尽可能将所有的线缆都隐藏到乘客的视野之外，这样对观光电梯的外观和观光效果会有很大的提升。

观光电梯的外部装饰板，是观光电梯的重要组成部分。根据安装位置可分为：上部外装板、下部外装板、底部外装板、侧面外装板。配合各型号观光电梯的窗部组件，可营造出不同款式和外观。除了美化观光梯各外立面，还可起到遮挡作用。上部外装板可起到遮蔽轿顶平面及轿顶上部件的作用，下部、底部外装板则可将轿底的机械结构隐藏起来，侧面外装板可美化侧面轿壁的背面，如遮蔽轿壁加强筋等。因此，在设计观光电梯的外装板时，应同时考虑到美观和遮挡因素，以达到轿厢外观的最优化，从而最大限度地达到凸显轿厢这一根本目的。

活动33 电动摩天轮

【课标要求】

18：工程技术的关键是设计，工程是运用科学和技术进行设计、解决实际问题和制造产品的活动。

18.3：工程设计需要考虑可利用的条件和制约因素，并不断改进和完善。

5-6年级：根据设计意图分析可利用的资源，简单评估完成一个产品或系统的可行性，预想使用效果。

【活动材料】

材料名称	数量	主要作用
摩天轮主架	1	基础结构
座椅	8	保持水平并可以旋转
大转轮	1	连接座椅
小电动机	1	将电能转化为转动动能
钢圈、螺钉	1组	固定小电动机
开关、导线	1组	控制电路开闭
电池	2	提供电能
齿轮	3	传递动能
钢轴	2	连接齿轮

1．让学生测试小电动机。将电池的两极与小电动机的两极用两根导线分别连接。闭合开关，观察小电动机是否快速转动。把电池的正极与电动机的负极相连，而把电池的负极与电动机的正极相连，看看小电动机会不会反向转动。

2．让学生观察齿轮。齿轮一共有三个：一个小齿轮、一个单层齿轮和一个双层齿轮，它们是电动摩天轮传动的核心元件。小齿轮、单层齿轮和钢轴紧密配合，这样电动机转动时会带动小齿轮转动，单层齿轮转动时也会带动大转轮转动；双层齿轮和钢轴松弛配合，这样双层齿轮转动时不会带动其他元件转动。

【活动设计】

1. 电动摩天轮的基本运行原理是将电池的两极、电动机的两极与开关用导线连接，当开关闭合后，电路中会产生电流，使电动机快速转动，电能转化为转动动能，再通过齿轮将动能传递到大转轮，实现摩天轮座椅的水平旋转运动。当开关断开后，电路中的电流消失，摩天轮因失去动力来源会慢慢地停下来。

2. 电动摩天轮主要由三个模块组成，其中驱动装置是电池和电动机，传动装置是齿轮，从动装置是座椅。

【活动制作】

1. 安装从动模块。用长钢轴贯穿摩天轮主架并连接大转轮，将八个座椅依次安装在大转轮上。将单层齿轮安装在靠近大转轮的位置。

2. 安装传动模块。将小齿轮安装在电动机输出短轴的端部，将双层齿轮安装在合适位置使齿轮之间可以相互传动。然后用钢圈和螺钉将电动机固定在底座上。

3. 安装驱动模块。将电池盒固定在底座上，然后用导线连接好电动机的两极。先断开开关，再将两节电池按对应的正负极放入电池盒内。

4. 进行测试。将安装好的电动摩天轮放在水平地面上，将开关闭合，观察摩天轮座椅是否水平旋转运动。

图6-3　电动摩天轮整体效果图

【活动反思】

1. 测试时我们发现，摩天轮的座椅始终保持水平，这是为什么呢？

因为摩天轮的座椅和大转轮用连杆固定住了，这样座椅会随着大转轮的转动而转动，但是相对于大转轮的位置是不变的。只有这样，当我们在座椅放入小物品后，小物品虽然会随着大转轮的转动而转动，但不会从座椅上掉下来。

2. 现在我们把电动摩天轮与之前的电动小车比较一下，同学们思考它们有哪些相似点呢？首先，它们的驱动装置都是电池和电动机，传动装置都是齿轮；其次，电动机反转会使从动装置的运动方向发生改变，电动摩天轮会从逆时针方向转动变为顺时针方向转动。

【知识拓展①】

1893年美国芝加哥世博会时，为拥有一个能与法国埃菲尔铁塔媲美的建筑，主办方采用了工程师乔治·菲利斯所设计的"大胆而独特"的巨轮。这个创意源于工程师故乡小水车的最终形态。确实惊艳了世界："直径约76.2米，圆周长251.46米，座舱数36个，每个座舱内有38个座位，还可站22人，一次总容纳2160人，旋转一周的时间为20分钟。"那届世博会上，有160万参观者花50美分美滋滋地乘坐了这个让人大开眼界的"大家伙"，很多人都是意犹未尽地反复乘坐。此后，作为那届世博会的象征，摩天轮迅速被世界接纳，纷纷将其当作大型娱乐场所乃至整个城市的重要标志，无数的不同尺径的摩天轮相继在全球各个城市矗立、旋转升腾，最火热时，每年摩天轮的数量和高度都在被刷新。

最热衷建造摩天轮的国家当属日本，全国已有大大小小的摩天轮130多座。著名的如东京的"钻石与花"、大阪的Hep Five、横滨的"宇宙时钟"、福冈的"天空之梦"与"天空之轮"都各有拥趸。在建筑方面历来成绩不俗的中国城市也是摩天轮的重度爱好者。细数世

---

①方俊成. 另眼相看摩天轮［J］. 产城，2018（8）：76—77.

界上最高的摩天轮排行，中国有多个项目上榜，收纳方圆40公里景致的"天津之眼"和装有世界第一大时钟的"南昌之星"都是该领域的代表作。还有的重要摩天轮项目也是中国企业为拥有方的修筑，比如中国铁建国际公司与马来西亚签下的吉隆坡M101摩天轮酒店和写字楼项目（建成后将是世界第一高的空中摩天轮，矗立于高空220米）。

2012年以来，伦敦数次被评选为全球最受欢迎旅游城市，这其中著名的摩天轮"伦敦眼"功不可没。自建成以来，伦敦眼始终是该城市人气景点第一名，游人到访伦敦争相来此打卡。英国《卫报》表示："伦敦眼给英国首都重新下了定义，它不再仅仅是世界金融中心，或者现代议会制的发源地，它也是一个后工业化的游乐场——某种程度上，伦敦确实是这样的。"这座本是为迎接千禧年而建的泰晤士河畔的临时建筑造价不过7000万英镑，却因为源源不断地创造出海量财富而被永久保留。有数据显示，"伦敦眼"创造了1000个以上的新工作岗位及30多个新业务，每天都有超过1.5万名游客登上这座摩天轮，在135米的高空一睹伦敦风采，营业额占伦敦旅游年收入的1.5%。

活动34　电动绘图仪

【课标要求】

18：工程技术的关键是设计，工程是运用科学和技术进行设计、解决实际问题和制造产品的活动。

18.2：工程的核心是设计。

3-4年级：针对一个具体的任务，按照设计的基本步骤来设计一个产品或完成指定的任务。

【活动材料】

材料名称	数量	主要作用
绘图仪主架	1	基础结构
绘图笔	4	电动绘图工具
连杆	1	连接绘图笔
小电动机	1	将电能转化为转动动能
钢圈、螺钉	1组	固定小电动机
开关、导线	1组	控制电路开闭
电池	2	提供电能
齿轮	3	传递动能
钢轴	2	连接齿轮

1. 让学生测试小电动机。将电池的两极与小电动机的两极用两根导线分别连接。闭合开关，观察小电动机是否快速转动。把电池的正极与电动机的负极相连，而把电池的负极与电动机的正极相连，看看小电动机会不会反向转动。

2. 让学生观察齿轮。齿轮一共有三个：一个小齿轮、一个单层齿轮和一个偏心轮，它们是电动绘图仪传动的核心元件。小齿轮、单层齿轮、偏心轮和钢轴紧密配合，电动机转动时会带动小齿轮转动，偏心轮转动时也会带动绘图笔转动。

【活动设计】

1. 电动绘图仪的基本运行原理是将电池的两极、电动机的两极与开关用导线连接，当开关闭合后，电路中会产生电流，使电动机快速转动，电能转化为转动动能，再通过齿轮将动能传递到绘图笔，实现绘图仪的自动绘图。当开关断开后，电路中的电流消失，绘图仪会因失去动力来源慢慢地停下来。

2. 电动绘图仪主要由三个模块组成，其中驱动装置是电池和电动机，传动装置是齿轮，从动装置是绘图笔。

【活动制作】

1. 安装从动模块。将偏心轮与连杆用短钢轴固定，将绘图笔安装在连杆的一端，将活动轴安装在连杆的另一端。

2. 安装传动模块。将小齿轮安装在电动机输出短轴的端部，将单层齿轮安装在合适位置使齿轮之间可以相互传动。然后用钢圈和螺钉将电动机固定在底座上。

3. 安装驱动模块。将电池盒固定在底座上，然后用导线连接好电动机的两极。先断开开关，再将两节电池按对应的正负极放入电池盒内。

4. 进行测试。将安装好的电动绘图仪放在水平地面上，将开关闭合，观察绘图仪是否能够自动绘图。

图6-4 电动绘图仪整体效果图

【活动反思】

1. 通过测试我们发现，绘图仪所绘出的图形是由绘图笔的运动范围决定的。如果我们把偏心轮最边缘的孔洞安装在钢轴的端部，那么在电动机的带动下绘图笔的运动范围就更大，所绘制的图形范围就更广，而且中心的空白圆形就会更小。同学们不妨测试一下我们的绘图仪。

2. 现在我们把电动绘图仪与之前的电动小车比较一下，同学们思考它们有哪些相同点和不同点呢？首先，它们的驱动装置都是电池和电动机，传动装置都有齿轮；其次，它们的主要区别在于绘图仪的传动装置中有一个偏心轮，这样才使得绘图笔的运动轨迹不是单一的圆，而是美丽的图案。

【知识拓展①】

20世纪60年代至70年代，由于计算机技术、精密加工技术和精密测量技术的发展，为绘图技术和自动绘图仪的进步创造了条件。各种类型自动绘图仪不断涌现，技术性能显著提高，从超大型到台式小型，其中包括精密型、高速型以及普及型的适合各种不同使用对象的自动绘图仪；采用平面电视传动方式绘图的高速平台式绘图仪就是一种符合高速高精度要求的绘图设备。在计算机图形输出设备中，还发展了一种COM装置，这种装置可以直接将计算机输出的图形记录在缩微胶片上。

近十几年来，随着微处理机的出现和发展，一种将微处理机直接与自动绘图仪结合在一起的新型绘图机应运而生了。这种智能化的绘图仪，不但简化了设备的控制逻辑，而且具备一定的存储功能、自检功能和某些处理功能。彩色绘图仪至今已有10年的历史了，较早的产品基本上都是颜色墨水的喷墨技术，更早也曾用彩色点阵打印的，发展到现在除喷墨方式继续有所发展以外，增加了热蜡和热升华的着色方式，使颜色更加持久和逼真。另外，由计算机控制的大幅面喷涂技术也进入实用阶段，喷涂幅面可达7平方米以上，这为制作巨型画面提

①左菱. 自动绘图仪的发展与国内市场动向［J］. 航天技术与民品，1996（3）：33—36.

供了条件。

绘图仪的种类很多，分类方法也不尽相同。按绘图幅面的大小，可分为大型、中型和小型；按自动绘图仪的控制方式，可分为开环、闭环和半闭环等；按自动绘图仪结构特点和使用场合的不同，可分为滚筒式、平台式和台式便携式；按绘图手段的不同，又可分为笔式、喷墨式和热蜡式。一台绘图仪的研制需要从成本、灵活性、可控性、省时、新的功能等方面加以考虑。

CAD用户利用传统的笔式绘图仪绘制图纸时，会碰到绘图速度慢、生产效率低、墨水堵塞造成断线、水笔成本高、保养维护难等诸多不便，并且，随着CAD领域中对绘制零件效果图、建筑渲染图更高要求的提出，笔式绘图仪已无法满足需求。现在以经济性与实用性来衡量，大幅面喷墨绘图仪无疑是下一代CAD输出设备的最佳选择。大幅面喷墨技术现在由专业人员支配，需要很高的设计和打印成本，大多数是模拟式，今后的发展趋势是数字化、更低的成本和元件、提高能力和容易使用，从而在现有市场技术转化的同时，发展新的用户。

1995年以来，绘图仪市场变化很大，绘图仪的绘图方式已从笔式绘图向大幅面喷墨技术转化。为适应市场的需求，现在大约每半年就可研制出一种新型号绘图低喷墨绘图仪作为现阶段的产品，正在日趋完善。相信不久的将来，热蜡式绘图仪也将打入市场，成为新一代的产品。大面积普及CAD技术，可加速摆脱手工计算，实现科研设计现代化，提高设计工作效率和质量。

活动35　电动甩干机

【课标要求】

18：工程技术的关键是设计，工程是运用科学和技术进行设计、解决实际问题和制造产品的活动。

18.3：工程设计需要考虑可利用的条件和制约因素，并不断改进和完善。

3-4年级：对自己或他人设计的想法、草图、模型等提出改进建议，并说明理由。在制作过程中及完成后进行相应的测试和调整。

【活动材料】

材料名称	数量	主要作用
甩干机主架	1	基础结构
甩干桶	1	甩干湿毛巾
小电动机	1	将电能转化为转动动能
钢圈、螺钉	1组	固定小电动机
开关、导线	1组	控制电路开闭
电池	2	提供电能
齿轮	3	传递动能
钢轴	2	连接齿轮

1. 让学生测试小电动机。将电池的两极与小电动机的两极用两根导线分别连接。闭合开关，观察小电动机是否快速转动。把电池的正极与电动机的负极相连，而把电池的负极与电动机的正极相连，看看小电动机会不会反向转动。

2. 让学生观察齿轮。齿轮一共有三个：一个小齿轮、一个单层齿轮和一个双层齿轮，它们是电动甩干机传动的核心元件。小齿轮、单层齿轮和钢轴紧密配合，这样电动机转动时会带动小齿轮转动，单层齿轮转动时也会带动甩干桶转动；双层齿轮和钢轴松弛配合，这样双层齿轮转动时不会带动其他元件转动。

【活动设计】

1. 电动甩干机的基本原理是当开关闭合后，电路中会产生电流，使电动机快速转动，电能转化为转动动能，通过小齿轮、双层齿轮和单层齿轮逐级将动能传递到甩干桶，实现甩干桶的快速转动。当开关断开后，电路中的电流消失，甩干桶因失去动力来源会慢慢地停下来。

2. 电动甩干机主要由三个模块组成，其中驱动装置是电池和电动机，传动装置是齿轮，从动装置是甩干桶。

【活动制作】

1. 安装从动模块。将长钢轴固定在甩干机主架上，将甩干桶安装在钢轴的一端，将单层齿轮安装在中间位置。

2. 安装传动模块。将小齿轮安装在电动机输出短轴的端部，将双层齿轮安装在中间位置并用小轴套固定位置，调整电动机的位置，使齿轮之间可以相互传动。然后用钢圈和螺钉将电动机固定在底座上。

3. 安装驱动模块。将电池盒固定在底座上，然后用导线连接好电动机的两极。先断开开关，再将两节电池按对应的正负极放入电池盒内。

4. 进行测试。将安装好的电动甩干机放在水平地面上，将带水的湿毛巾放入甩干桶中。将开关闭合，观察是否有水从甩干桶中甩出。

【活动反思】

1. 从生活中使用的洗衣机我们可以发现，湿毛巾的甩干程度

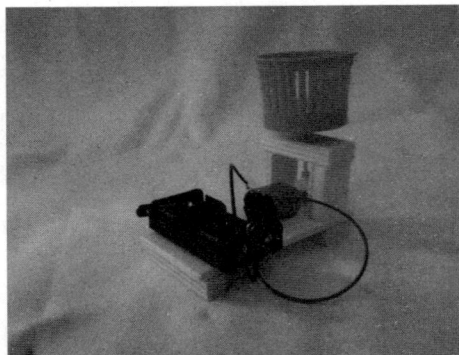

图6-5　电动甩干机整体效果图

是由甩干桶的转动速度决定的。如果我们把传动装置中的双层齿轮去掉，

而把小齿轮与单层齿轮直接相连，根据之前变速行驶小车活动中得到的结论，甩干桶就会转得更快，湿毛巾的甩干效果就更好。同学们不妨测试一下我们的甩干机。

2. 现在我们把电动甩干机与之前的电动小车比较一下，同学们思考它们有哪些相似点呢？首先，它们的驱动装置都是电池和电动机，传动装置都是齿轮；其次，电动机反转都会使从动装置的运动方向发生改变，甩干桶从正转变为反转，电动小车从前进变为后退。

【知识拓展①】

1858年，美国人汉密尔顿·史密斯发明了世界上第一台洗衣机，随后比尔·布莱克斯又发明了木制手摇洗衣机，推动了洗衣机的发展。随着蒸汽时代的到来，蒸汽动力取代人力，此后相继出现了电动洗衣机、搅拌式洗衣机、滚筒式洗衣机、波轮式洗衣机和全自动洗衣机。而电机直接驱动式洗衣机引发了洗衣机驱动方式的巨大革命。随着科技的不断发展，洗衣机早已成为必备电器出现在了每个家庭的日常生活中，而随着人们对于产品要求的提高，洗衣机的更多技术和功能也逐步被开发出来。

作为一款常见的家用必备电器，随着社会科技的不断进步，消费者对于洗衣机的要求早已不仅仅是"洗衣"这个概念，根据我国目前用户消费观念的调查研究发现，大多数用户更希望产品具有高性价比，可以一机多用，多种功效并存。国内外各大企业品牌都在加大技术设计方面的投入，以提高用户体验度，占领市场。

由于生活品质的提升，人们开始对产品功能的专业化有了相应的需求。例如小天鹅最新推出的带有上波轮下滚筒双变频系统的复合式洗衣机和海信双波轮加滚筒的"三合一"洗衣机产品，针对内衣和外

①涂正鼎. 浅谈洗衣机行业发展趋势研究［J］. 科技与创新，2018（10）：70—71.

衣、婴幼儿衣物和成人衣物，可以分类清洗，满足了人们对于不同种类衣物分开清洗的需求；LG品牌全新设计的双引擎洗衣机具有独特的下层迷你式设计，能够对少量衣物进行即刻快速清洗。各大厂商生产出的这些针对性更强、专业性更高的产品满足了用户的实际需求。

越来越多的智能家电出现在了人们的生活中，智能化作为未来产品技术发展的主要方向，同样也引领洗衣机从机械化到自动化再到智能化的产业升级。目前，高度智能化的洗衣机已经不仅仅具备WiFi连接和远程APP操控功能，它们还具备了通过大数据系统进行分析判断、自动检测调整程序的能力。

随着人们对于健康的高度重视，洗衣杀菌功能逐渐成为各类洗衣机新增卖点之一，提示清洁和洗衣机自动内部清洁的功能也在不断发展。目前，市场上洗衣机的健康洗护杀菌功能主要是采用高温物理杀菌、活性氧深层除菌、紫外蓝光照射等方法。一些洗衣机具备提示清洁和自动净槽功能，去除污垢和细菌，抑制霉菌生成，全方位、最大程度为人们提供健康、无菌化的洗衣环境。

在我们使用传统洗衣机洗衣的过程中，强噪声和震动往往是我们在洗衣服时感到无奈的地方，各大企业抓住了这一点不断改进相关技术，降低噪声和震动，给消费者带来了全新的体验。海尔的"安静洗"洗衣机采用菲雪派克直驱电机，将噪声震动降至最低，用户在使用时几乎感觉不到震动噪声的存在；西门子变频滚筒洗衣机采用无刷电机，没有碳刷，使得噪声更低，并且使用水韵纹降噪侧板有效舒缓因滚筒快速运转而产生的震动。由此可见，现在的产品越来越多地站在用户的角度去设计，使用户体验更加人性化、舒适化。

活动36　电动滑行机

【课标要求】

18：工程技术的关键是设计，工程是运用科学和技术进行设计、解决实际问题和制造产品的活动。

18.3：工程设计需要考虑可利用的条件和制约因素，并不断改进和完善。

5-6年级：根据设计意图分析可利用的资源，简单评估完成一个产品或系统的可行性，预想使用效果。

【活动材料】

材料名称	数量	主要作用
滑行机主架	1	基础结构
滑行轮	4	使滑行机平稳行驶
小电动机	2	将电能转化为转动动能
钢圈、螺钉	2组	固定小电动机
开关、导线	2组	控制电路开闭
电池	4	提供电能
扇叶	2	形成风力
钢轴	2	连接滑行轮

1. 让学生观察小电动机。小型直流电动机由定子与转子组成，定子包括主磁极、机座、换向极、电刷装置等，转子包括电枢铁芯、电枢绕组、换向器、轴和风扇等。当小电动机的两极接通电源后，由于通电线圈会受到磁场的作用力，小电动机会不断地快速转动。

2. 让学生测试小电动机。将电池的两极与小电动机的两极用两根导线分别连接。闭合开关，观察小电动机是否快速转动。把电池的正极与电动机的负极相连，而把电池的负极与电动机的正极相连，看看小电动机会不会反向转动。

【活动设计】

1. 电动滑行机的基本原理是将电池的两极、电动机的两极与开关用导线连接，当开关闭合后，电路中会产生电流，使电动机快速转动，进而带动风扇叶片转动，再通过风扇叶片转动产生向后的风力，而滑行机自身会受到向前的空气反冲力，进而滑行机向前运动。当开关断开后，电路中的电流消失，滑行机因失去动力来源会慢慢地停下来。

2. 电动滑行机主要由两个模块组成，其中驱动装置是电池、电动机和风扇叶片，从动装置是滑行轮。

【活动制作】

1. 安装从动模块。将两根长钢轴贯穿滑行机主架的前端和后端，将四个车轮分别安装在两根钢轴的两端。

2. 安装驱动模块。将电池盒和电动机固定在滑行机主架上，然后用导线连接好电动机的两极，将两个风扇叶片分别安装在两个电动机的短轴上。先断开开关，再将两节电池按对应的正负极放入电池盒内。

3. 进行测试。将安装好的电动滑行机放在水平地面上，将开关闭合，观察滑行机是否快速运动。

图6-6　电动滑行机整体效果图

【活动反思】

1. 测试时我们发现，如果把电池的正极与电动机的负极相连，而把电池的负极与电动机的正极相连，电动机会反向转动。我们需要思考一个问题：如果照此安装滑行机，滑行机的运动方向会发生改变吗？答案是不会。因为电动机反向转动会带动扇叶沿反方向旋转，但是扇叶本身的曲线构造，使得扇叶只能产生向后的风力，因此滑行机只能受到向前的推力进而向前行驶。同学们不妨测试一下。

2．现在我们把电动滑行机与之前的电动反冲小车比较一下，同学们思考它们有哪些相同点和不同点呢？首先，它们的驱动装置都是电池和电动机，利用的都是反冲原理；其次，它们使用的风扇叶片略有不同，滑行机的扇叶是向后吹风，因此滑行机向前行驶；电动反冲小车的扇叶是向前吹风，因此小车向后行驶。

【知识拓展①】

水下滑翔机是一种新型的海洋环境水下观测平台，它通过自身浮力的微小变化提供驱动力，配合水平翼的升力将垂直运动转换为水平运动，采用内置的姿态调整机构改变姿态以实现滑翔运动。其特殊的驱动及控制方式保证了其具有能耗小、噪声低的特点，在国内外都受到了极大的关注。

人类对海洋的探测和研究发展到了前所未有的高度。为克服传统海洋观测工具的缺陷，水下滑翔机技术获得了快速发展，现已成为常规的、可持续的、高分辨率海洋观测平台。水下滑翔机具有典型锯齿状剖面运动能力，持续观测时间一般长达几个月，续航能力可达上千公里。水下滑翔机携带的传感器可测量深度、温度、盐度和洋流等物理特性，以及多样的浮游动植物等生物特性和溶解氧、硝酸盐等在内的重要化学特性。另外，水下滑翔机在国外许多海洋观测计划和实验中有成熟应用的先例，实现了长达数月的持续采样能力、安全可靠的近海岸巡航能力、极端天气条件下的观测能力，同时具有低成本特点。

深海滑翔机使用自身净浮力作为驱动力，通过浮力调节系统动

---

①俞建成，等．深海滑翔机技术与应用现状［J］．工程研究——跨学科视野中的工程，2018，8（2）：208—216．

态地改变排水体积来调节载体自身浮力，为载体提供上浮和下潜的动力。载体的姿态调节通过调节机构的运动，改变系统重心与浮心的轴向相对位置，使系统具有一定的俯仰角，从而使其能够保持一定的俯仰角进行上浮和下潜滑翔运动。深海滑翔机在正负浮力以及姿态调节的共同作用下通过滑翔翼板产生使载体水平和垂直运动的驱动力，并且能够根据需要通过控制完成设定的滑翔周期。相比较于浮标等观测平台，深海滑翔机在航向的可控性上有绝对的优势。当前的滑翔机系统的航行调节方式基本上可以分为两种：一是通过改变整个载体的横倾角来改变水下滑翔机的航向，一般通过旋转一个不对称的电池包来实现；二是通过转向舵结构来实现转向。

深海滑翔机的天线通常集成在尾部一根长杆的顶端，通过控制滑翔在出水后的姿态将天线接收端最大限度地抬离水面，使得载体能够与卫星建立稳定的通信联系。除了本身的位置、姿态和状态等信息外，滑翔机通过科学传感器来收集海洋特征数据，搭载有温、盐、深传感器。根据具体科学任务的需求，已经有多种测量各种海洋环境参数的传感器搭载到滑翔机上，进一步拓宽了深海滑翔机的工作能力。当然，传感器的增多加大了采样时间，数据的增多又意味着通信时间变长，这些都会导致更多的能量消耗而使执行任务的时间变短。

活动37 电磁荡秋千

【课标要求】

6：机械能、声、光、热、电、磁是能量的不同表现形式。

6.4：电可以在特定物质中流动，电是日常生活中不可缺少的一种能源。

6.4.1：电路是包括电源在内的闭合回路，电路的通断可以被控制。

3-4年级：说出电源、导线、用电器和开关是构成电路的必要元件，说明形成电路的条件；解释切断闭合回路是控制电路的一种方法。

【活动材料】

材料名称	数量	主要作用
秋千主架	1	基础结构
秋千椅	1	可以前后振荡
开关	1	控制电路开闭
电池	2	提供电能
磁铁	1	提供磁场
长导线	1	连接秋千椅

1. 让学生观察磁铁。每个磁铁都有一个北极和一个南极。当我们把一个磁铁的北极放在另一个磁铁的南极附近时，它们相互吸引。当我们把两个相同的磁极（从北到北或从南到南）分别放在一起时，它们就会互相排斥。

2. 让学生测试磁铁。让我们找一找身边的物品，比如曲别针、大头针、铁钉、塑料直尺、铅笔、橡皮、白纸等，看看哪些物品会被磁铁吸引，这些物品有哪些相同的属性。

【活动设计】

1. 电磁荡秋千的基本原理是将电池的两极与开关用长导线连接，当开关闭合后，长导线中会产生电流，电流在底部磁铁所产生的磁场中会受到力的作用，进而会带动秋千椅向前运动，电能转化为动能。当长导线离开磁场后，磁场力消失，秋千因失去动力来源会慢慢地停下来，动能转化为重力势能。而后秋千椅会在重力作用下向后运动，重力势能转化为动能。当长导线回到磁场后，再次会受到磁场力的作用而减速。等秋千椅停下来后，会在磁场力的作用下重复刚才的运动过程。

2. 电磁荡秋千主要由两个模块组成，其中驱动装置是电池、长导线和磁铁，从动装置是秋千椅。

【活动制作】

1. 安装从动模块。将长导线的两端安装在主架的吊环上，用固体胶将长导线沿水平线粘在秋千椅的下面。

2. 安装驱动模块。将磁铁固定在主架底部，秋千椅的正下方。将电池盒固定在主架侧面，然后连接好开关和长导线。先断开开关，再将两节电池按对应的正负极放入电池盒内。

3. 进行测试。将安装好的电磁荡秋千放在水平地面上，将开关闭合，观察秋千是否前后振荡起来。

图6-7　电磁荡秋千整体效果图

【活动反思】

1. 通过测试我们发现，秋千椅总是先向前运动，再向后运动回到原来的位置，然后如此反复运动。如果我们把电池的正负极与长导线反向相连，那么秋千椅就会先向后运动，再向前运动回到原来的位置。当然，如果我们用手把秋千椅扶在一定的高度再松手运动到最低点后，然后会继续向后运动一段距离再向前运动，这样的前后反复运动就和生活中的荡秋千类似。同学们不妨测试一下。

2. 现在我们把电磁荡秋千与之前的电动反冲小车比较一下，同学们思考它们有哪些相同点和不同点呢？首先，它们的驱动装置都是电池，都没有传动装置；其次，当电池反向连接时，会使电磁荡秋千的运动方向发生改变，秋千椅从向前震荡变为向后震荡，但电动反冲小车运动方向却不发生变化。

【知识拓展①】

常见的电磁铁是由带铁芯的通电螺线管组成，就是在一个铁芯上，绕上线圈，然后通上电，那么在铁芯的端面就产生了磁性。磁性的强弱，可以用通电电流的强弱也就是大小来控制。它的磁极可以用电流的方向来控制。电磁铁的种类从用电情况可分为直流电磁铁和交流电磁铁。

电磁铁在生产建设和机械制造方面以及平常生活中应用极其广泛，平常我们见到的电铃、电磁选矿机、电磁起重机、电磁开关、磁带、电话、手机、电磁医疗保健机、电磁炉和现代高速磁悬浮列车等，都是利用电磁的原理制造的。电磁铁以它独特的性质、优点和简单的结构、较强的实用性，广泛地被社会开发和利用。尤其现在社会上各行各业都逐渐向现代化、自动化方面迈进，所以，其利用率更高。

改革开放以来，农村发生了翻天覆地的变化，我国是一个农业大国，农业直接牵扯我国的各行各业，因此，对农业现代化问题，国家极其重视，而农村农业机械化，包括耕、耙、播种、收获以及水利设

---

①吕德满. 电磁铁在农业方面的开发应用［J］. 科技信息，2012（23）：419.

施排涝、灌溉和一些新技术能源等方面的机械化是实现农业现代化的重要保证。农村农业生产的需要，农民的要求，使工矿企业加快了科技研发的脚步，投入更大精力在农业生产的各个环节、各个领域，更深入地开发产品，尤其在这几年已填补了农业上的一些技术空白，科技人员利用电磁能解决了一些复杂的机械结构步骤，开发出以前没有的机械产品，深受农民的欢迎和喜爱。

在农业植物收获、土壤检测、水利节能灌溉控制等方面，一些机械产品都是采用了电磁铁的应用技术作为主要部件。譬如，近几年开发生产的花椒采摘机、山茱萸采摘机，都是利用电磁振动的原理并根据农业的要求制造出来的产品。还有现在普遍使用的远距离供水浇灌，实现了无人控制自动供水，就是利用电磁传感器来实现的。在农牧业的恒温孵化箱，还有食用菌培养箱，以及作为蔬菜用的各类豆芽、瓜果、菜苗的培养机械产品等都是利用电磁原理实现自动化控制的。电磁铁结构简单，制造容易，成本低，效率高，灵活机动，适应范围广。还有更大的优点是产生电磁的电能除用发电机外，还可以用蓄电瓶供电直接使用，适应野外作业的便携方式，给人们带来了极大的方便。更重要的是节能环保、减排、无噪声，尤其在农业方面的应用，一旦发展起来，与交通业中的电瓶车一样，是未来世界农业机械产品发展的趋势，其势头强劲。

最近，我国研制的一种名叫多功能树上带柄果实采摘机，也是利用电磁铁直接吸引动刀片实现采摘收获产品的。它具体的结构是用一直流或交流电磁铁，通上电源，铁芯产生磁性吸引动刀片运动，断开电源动刀片返回，与定刀片之间产生剪切刀，把进入刀刃口的果柄切断实现采摘，结构简单，重量很轻，操作方便，安全可靠，携带方便。人们可以带上它到大山、荒岗、田野、地边任意地方使用，在刀头下边安装一操作手杆，可采摘树上任何带柄果实。

活动38　手摇发电机

【课标要求】

18：工程技术的关键是设计，工程是运用科学和技术进行设计、解决实际问题和制造产品的活动。

18.2：工程的核心是设计。

3-4年级：针对一个具体的任务，按照设计的基本步骤来设计一个产品或完成指定的任务。

【活动材料】

材料名称	数量	主要作用
发电机主架	1	基础结构
手摇杆	1	输入转动动能
小发电机	1	将转动动能转化为电能
钢圈、螺钉	1组	固定小发电机
开关、导线	1组	控制电路开闭
小台灯	2	发光
齿轮	3	传递动能
钢轴	2	连接车轮

1．让学生观察小发电机。小发电机的基本构造组件就是定子跟转子，定子一般是永磁体，转子是线圈，在外力的带动下线圈在磁场当中做切割磁感线运动产生感应电动势，如果内部线圈通过电刷与外部电路构成一个闭合的回路，那么在这个电路当中就可以形成电流。

2．让学生观察齿轮。齿轮一共有三个：一个小齿轮、一个单层齿轮和一个双层齿轮，它们是小车传动的核心元件。小齿轮、单层齿轮和钢轴紧密配合，这样手摇杆转动时会带动单层齿轮转动，小齿轮转动时也会带动发电机转动；双层齿轮和钢轴松弛配合，这样双层齿轮转动时不会带动其他元件转动。

【活动设计】

1. 手摇发电机的基本原理是将电动机的两极与开关、小台灯用导线连接，用手快速转动摇杆，再通过齿轮将动能传递到发电机，带动发电机中的线圈在磁场当中做切割磁感线运动产生电能，当开关闭合后，电路中会产生电流，小台灯会发光。当不再转动摇杆后，电路中的电流消失，小台灯不再发光。

2. 手摇发电机主要由三个模块组成，其中驱动装置是手摇杆，传动装置是齿轮，从动装置是发电机。

【活动制作】

1. 安装从动模块。将小齿轮安装在发电机输入短轴的端部，然后将发电机的两极和小台灯用导线连接好，并断开开关。

2. 安装驱动模块。将手摇杆固定在发电机主架上，将单层齿轮安装在手摇杆旋转轴的中间位置。

3. 安装驱动模块。将双层齿轮安装在主架钢轴的中间位置并用小轴套固定，调整双层齿轮的位置，使齿轮之间可以相互传动。

4. 进行测试。将安装好的手摇发电机放在水平地面上，将开关闭合，观察小台灯是否能够发光。

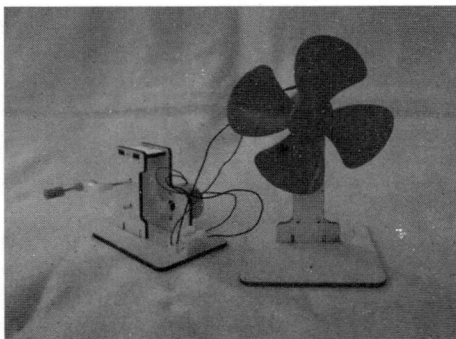

图6-8　手摇发电机整体效果图

【活动反思】

1. 通过测试我们发现，手摇杆转得越快，小台灯就越亮，说明发电机的效率是由手摇杆的转速所决定的。如果我们把传动装置中的双层齿轮去掉，而把小齿轮与单层齿轮直接相连，根据之前变速行驶小车活动中得到的结论，发电机转子就会转得更快，发电机的效率就更高。同学们不妨测试一下。

2. 现在我们把手摇发电机与之前的电动小车比较一下，同学们思考它们有哪些相同点和不同点呢？首先，它们的传动装置都是齿轮；其次，手摇发电机的驱动装置是手摇杆，从动装置是发电机，是将转动动能转化为电能；而电动小车正好相反，驱动装置是电池和电动机，从动装置是车轮，是将电能转化为转动动能。

【知识拓展①】

随着中国能源需求的快速增长和天然气资源的大规模开发利用，中国对燃气轮机的需求越来越大，但是由于不掌握作为联合循环核心设备的燃气轮机技术，中国的燃气轮机主要依靠进口，西方国家限制对华出口先进的燃气轮机，使燃气轮机发电机组未能得到大规模的推广使用。

燃气轮机是以连续流动的气体为工质、将热能转换为机械能的旋转式动力机械。简单循环是指在空气和燃气的主要流程中，由压气机、燃烧室和燃气透平三大部件组成的燃气轮机循环。简单循环燃气轮机的特点是结构简单，具有体积小、重量轻、起动快、少用或不用冷却水等一系列的优点。因此在引进国外技术的同时，独立开发的、技术先进的重型燃气轮机已经成为我国长期发展规划中优先发展的十大技术装备之一。

燃气轮机的工作流程为：压气机从外界大气中吸入空气，并通过轴流式压气机逐级压缩空气使之增压，同时空气温度也得到相应提高；压缩空气被送到燃烧室与喷入的燃料混合燃烧，进而生成高温高压的燃气；燃气进入透平中膨胀做功，推动透平带动压气机和外负荷转子一起高速旋转，从透平中排出的乏气排至大气自然放散。

---

①王如房. 浅谈燃气轮机发电机组的现状及发展趋势［J］. 能源与节能，2013（10）：83—120.

这样，燃气轮机把燃料的化学能转化为热能，同时又把热能转化成机械能。

燃气轮机发电机组是指用燃气轮机联轴驱动发电机发电的成套设备。目前常见的为燃气蒸汽联合循环发电机组，与常规的燃煤火电站相比，燃气蒸汽联合循环具有整体装置体积小、造价低、安装周期短、节能环保、效率高、启停快等众多优点，因此发展燃气蒸汽联合循环，无论是从节能减排的角度，还是从用于调峰机组，解决峰谷差问题的角度，都是电力企业眼下以及将来发展的重点。

中国燃气蒸汽发电机组尚未实现国产化和大规模化的核心问题就是先进、大型燃气轮机的生产。近些年，随着中国科技生产力和研发技术的不断提高，在引进、消化、吸收国外先进机组的基础上，已经取得了一些进步，但是与国外先进水平相比仍有一定的差距。

由于生产和研制大功率、高效率、高压比燃气轮机的集成、系列化和规模化存在较大难度，因此中国燃气轮机发展趋势应是在技术较为成熟、实际运行效果好的燃气轮机基础上，进行不断地升级改造，提高其工作性能和热效率。

此外，我们燃气轮机发电机组的发展应充分结合中国的特有的能源结构，由于中国是以煤炭等化石燃料为主的能源结构，虽然大量从国外购置天然气，但未来几十年内，煤炭作为主要能源的格局不会发生根本的变化，因此中国应重视燃煤联合循环发电技术的发展，结合中国煤炭的分布结构和煤质，开发适用于燃烧中国煤种的燃气轮机。

活动39　风力发电机

【课标要求】

18：工程技术的关键是设计，工程是运用科学和技术进行设计、解决实际问题和制造产品的活动。

18.3：工程设计需要考虑可利用的条件和制约因素，并不断改进和完善。

3—4年级：对自己或他人设计的想法、草图、模型等提出改进建议，并说明理由。在制作过程中及完成后进行相应的测试和调整。

【活动材料】

材料名称	数量	主要作用
发电机主架	1	基础结构
风扇叶片	2	形成风力
小电动机	1	将电能转化为转动动能
钢圈、螺钉	2组	固定电动机和发电机
开关、导线	2组	控制电路开闭
小发电机	1	将动能转化为电能
发光二极管	1	可以发光
钢轴	2	连接扇叶

1. 让学生测试小电动机。将电池的两极与小电动机的两极用两根导线分别连接。闭合开关，观察小电动机是否快速转动。把电池的正极与电动机的负极相连，而把电池的负极与电动机的正极相连，看看小电动机会不会反向转动。

2. 让学生观察发光二极管。发光二极管是一种常用的发光器件，当给发光二极管加上正向电压后，就会发出从紫外到红外不同颜色的光线，光的强弱与电流有关。常用的是发红光、绿光或黄光的二极管。

【活动设计】

1. 风力发电机的基本原理是将电池的两极、电动机的两极与开关用导线连接，当开关闭合后，电路中会产生电流，使电动机快速转动，进而带动扇叶转动，电能转化为风能，风能会使另一个扇叶转动，进而带动发电机转动产生电能，使发光二极管发出亮光。当开关断开后，电路中的电流消失，扇叶因失去动力来源会慢慢地停下来，风能消失，发电机不再产生电能，发光二极管不再发出亮光。

2. 风力发电机主要由两个模块组成，其中驱动装置是电池、电动机和扇叶，从动装置是发电机和发光二极管。

【活动制作】

1. 安装从动模块。将扇叶安装在发电机输出短轴的端部，然后用钢圈和螺钉将发电机固定在主架上。然后用导线连接好发电机和发光二极管的两极。

2. 安装驱动模块。将电池盒和电动机固定在底座上，然后用导线连接好电动机的两极，将另一个风扇叶片安装在电动机的短轴上。先断开开关，再将两节电池按对应的正负极放入电池盒内。

3. 进行测试。将安装好的风力发电机放在水平地面上。然后将开关闭合，观察发光二极管是否发出亮光。

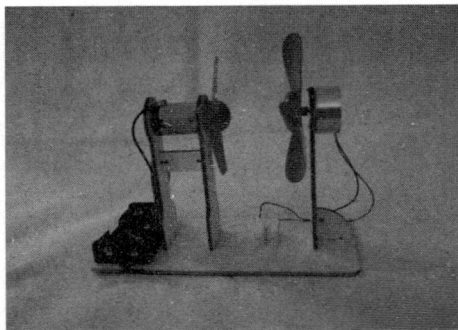

图6-9　风力发电机整体效果图

【活动反思】

1. 测试时我们用的是发光二极管，它和小灯泡有什么不同呢？如果我们把发光二极管的正极与发电机的负极相连，而把发光二极管的负极与发电机的正极相连，那么发光二极管中电流的方向就会与原来的方向相反，发光二极管就不会发光，而小灯泡依然能正常发光。同学们不妨测试一下。

2. 现在我们把风力发电机与之前的手摇发电机相比，同学们思考有哪些不同点呢？首先，它们的能量转换方式不同，风力发电机是把风能转化为电能，而手摇发电机是把转动动能转化为电能；其次，风力发电机的从动装置多了一个扇叶，但不需要传动装置。

【知识拓展①】

风能是可再生资源，从可持续发展的角度来看，选择风力发电可以延缓煤、石油、天然气等常规能源日益严峻的枯竭趋势，同时风力发电又具有明显的环境效益，它在发电的过程中不排放任何有害的气体和不消耗水资源。不过风能是一种过程性能源，它不像其他的常规能源一样直接被存储，只有转化为其他形式的能源才能够被存储，风能具有较大的随机性和波动性，风能密度又很低，这对发电带来了一系列的不利因素。尽管如此，目前风力发电不仅是风能利用的主流形式，而且是在新能源利用中成本较低，技术较成熟的发电形式，风力发电在未来的能源结构中将占有越来越重要的地位。

现代风力发电系统由风力发电机、控制装置、检测显示装置等组成，风力发电机由风轮机和发电机组成，实现能量的转换。风轮机的运行方式有独立运行、并网运行和联合运行三种。从对风轮机输出功率的控制方式上看，目前的风力发电机主要采取两种方式：一种是定桨距失速控制，另一种是变桨距控制。

定桨距失速调节型风电机技术的基本原理是利用桨叶翼型本身的失速特性，即风速高于额定风速时，气流的功角增大到失速条件，使桨叶表面产生涡流，降低效率，从而达到限制功率的目的。其优点是

---

①张方军. 风力发电技术及其发展方向［J］. 电气时代，2005（11）：22—24.

调节可靠、控制简单，缺点是桨叶等主部件受力大，输出功率随风速的变化而变化，这种技术主要应用在几百千瓦的中小型风力发电机组上。

变桨距风力发电机是通过调节变距调节器，使风轮机叶片的安装角随风速的变化而变化，以达到控制风能吸收的目的。在额定风速以下时，它等同于定桨距风电机，当在额定风速以上时，变桨距结构发生作用，调节叶片功角，保证发电机的输出功率在允许的范围之内，变桨距风力机的起动风速较定桨距风力机低，停机时传动机械的冲击应力相对缓和。

主动定桨距调节型风机技术是上面两种技术的结合，它的主要特点是：桨叶采用定桨距失调节型，调节系统采用变桨距调节型。输出功率在额定功率以下时，调节方式与变桨距调节方式相同，输出功率在额定功率以上时，调节方式与定桨距调节方式相同。它的主要优点是输出功率变动小且比较平稳。

从理论上讲，变速恒频风电机技术是目前最好的调节方式，它能使输出功率在低于额定功率时效率达到最高，但在输出功率大于额定功率时，它的调节方式和变桨距调节方式相同，这种技术最早出现在20世纪40年代，但当时受控制技术及电子器件水平的限制没能够得到很好的发展，到了20世纪80年代，苏联和日本已经有采用该技术的发电机投入运行。目前该技术的相关设备非常昂贵，因此很少被采用。

活动40　温差发电机

【课标要求】

18：工程技术的关键是设计，工程是运用科学和技术进行设计、解决实际问题和制造产品的活动。

18.3：工程设计需要考虑可利用的条件和制约因素，并不断改进和完善。

5-6年级：根据设计意图分析可利用的资源，简单评估完成一个产品或系统的可行性，预想使用效果。

【活动材料】

材料名称	数量	主要作用
发电机主架	1	基础结构
风扇叶片	1	形成风力
小电动机	1	将电能转化为转动动能
钢圈、螺钉	1组	固定小电动机
开关、导线	1组	控制电路开闭
温差发电元件	1	将热能转化为电能
钢轴	1	连接扇叶

1. 让学生测试小电动机。将电池的两极与小电动机的两极用两根导线分别连接。闭合开关，观察小电动机是否快速转动。把电池的正极与电动机的负极相连，而把电池的负极与电动机的正极相连，看看小电动机会不会反向转动。

2. 让学生观察温差发电元件。温差发电元件是将热能直接转换成电能的一种发电器件。将一个P型温差电元件和一个N型温差电元件在热端用金属导体电极连接起来，在其冷端分别连接冷端电极，就构成一个温差电单体。在温差电单体开路端接入外负载，如果温差电单体的热面输入热流，在温差电单体热端和冷端之间建立了温差，将会有电流流经电路。当发电器工作时，为保持热接头和冷接头之间有一定的温度差，应不断地对热接头供热，而从冷接头不断排热。

【活动设计】

1. 温差发电机的基本原理是将温差发电元件的两极、电动机的两极与开关用导线连接，将开关闭合，往温差发电机中倒入热水，温差发电元件会把热能转化为电能，使电动机快速转动，进而带动扇叶转动。当开关断开后，电路中的电流消失，扇叶因失去动力来源会慢慢地停下来。

2. 温差发电机主要由两个模块组成，其中驱动装置是温差发电元件，从动装置是电动机和扇叶。

【活动制作】

1. 安装从动模块。将扇叶安装在电动机输出短轴的端部，然后用钢圈和螺钉将电动机固定在主架上。

2. 安装驱动模块。将温差发电元件固定在底座上，然后用导线连接好电动机的两极，并断开开关。

3. 进行测试。将安装好的温差发电机放在水平地面上，往温差发电元件中倒入热水。然后将开关闭合，观察风扇是否快速转动。

图6-10 温差发电机整体效果图

【活动反思】

1. 参考电动反冲小车的结构设计，如果我们将两根长钢轴贯穿发电机主架的前端和后端，将四个车轮分别安装在两根钢轴的两端。当开关闭合后，风扇叶片转动产生向前的风力，而温差发电小车自身会受到向后的空气反冲力会不会向后运动呢？同学们不妨改装测试一下。

2. 现在我们把温差发电机与之前的风力发电机比较一下，同学们思考它们有哪些相同点和不同点呢？首先，它们的能量转换方式不同，温差发电机是把热能转化为电能，而风力发电机是把风能转化为电能；其次，温差发电机的发电能力更强，它可以带动小电动机转动。相同点是都不需要传动装置。

【知识拓展①】

温差发电又叫热电发电，是一种绿色环保的发电方式。温差发电技术具有结构简单、坚固耐用、无运动部件、无噪声、使用寿命长等优点。可以合理利用太阳能、地热能、工业余热废热等低品位能源转化成电能。由于具有独特的优势，因此温差发电技术在航天、军事领域展示了很好的应用前景。尽管目前温差发电的效率普遍低于10%，但随着新型高性能热电材料以及性能可靠的温差发电器的研究与开发，温差发电技术将会更大地发挥其在低品位能源利用方面的优势。

温差发电是基于热电材料的塞贝克效应发展起来的一种发电技术，将P型和N型两种不同类型的热电材料（P型是富空穴材料，N型是富电子材料）一端相连形成一个PN结，置于高温状态，另一端形成低温，则由于热激发作用，P（N）型材料高温端空穴（电子）浓度高于低温端，因此在这种浓度梯度的驱动下，空穴和电子就开始向低温端扩散，从而形成电动势，这样热电材料就通过高低温端间的温差完成了将高温端输入的热能直接转化成电能的过程。单独的一个PN结，可形成的电动势很小，而如果将很多这样的PN结串联起来，就可以得到足够高的电压，成为一个温差发电器。

温差发电技术在低品位能源利用上的优势，使其得到广泛关注，应用领域也越来越广，但是温差发电器存在发电效率低、温差电组件

①赵建云，等. 温差发电技术的研究进展及现状［J］. 电源技术，2010，34（3）：310—313.

使用寿命短、可靠性不高等问题。目前，温差发电的效率一般为5%—7%，远低于火力发电的40%。最主要的原因是热电材料性能不理想，另一方面是发电器的匹配问题。

发电器热设计也是影响发电效率的重要因素。为了保持较高的温差，往往在发电器低温端增加散热装置，以使热量及时散失。当器件热阻大于散热器最大热阻时，散热器将不能够散走器件产生的热量，因此与温差发电器匹配的冷端散热方式也是影响发电器性能的重要因素。目前主要的散热方式有：风冷、液冷和相变散热。

风冷又分为自然风冷和强制风冷。自然风冷换热器是一定形状的翅片散热器。热阻大小与翅片密度、散热器面积直接相关。目前温差发电器中应用较多的是强制风冷，散热器（如热沉）与风扇结合，低温端热量传导到更大面积的翅片上，借助强制散热将热量散失到空气中。热阻取决于风速，风速越大，热阻越小。强制风冷不仅可有效地提高散热器的对流换热系数，减小散热面积，而且结构简单，易于实现，因而应用广泛。

由于液体的单位热容较气体大，因而液冷比风冷有更好的冷却效果，热阻大小主要与液体的流速有关，流速越大，热阻越低。目前应用的液体散热方式主要有液体喷射冷却、微通道液体冷却和宏观水冷管路冷却。相变散热是利用相变材料相态变化时吸收热量来散热。

参考文献

［1］教育部. 义务教育小学科学课程标准（2017年版）［S］. 北京：北京师范大学出版社，2017.

［2］赵建柱，等. 风能利用与可持续发展［J］. 农机化研究，2004（6）.

［3］霍咚梅，等. 我国弹簧钢生产现状及发展展望［J］. 冶金经济与管理，2015（5）.

［4］陈云华，等. 中国水电发展形势与展望［J］. 水力发电学报，2013，32（6）.

［5］查建东. 电动自行车电机技术的现状及发展［J］. 中国新技术新产品，2019（2）.

［6］闫云飞，等. 太阳能利用技术及其应用［J］. 太阳能学报，2012（S1）.

［7］冯丹，等. 燃料电池产业发展现状及趋势分析［J］. 化工时刊，2018，32（11）.

［8］王向东，等. 直齿圆柱齿轮精锻技术的发展现状与趋势［J］. 锻压装备与制造技术，2006（2）.

［9］刘群. 齿轮润滑技术的研究与现状［J］. 现代零部件，2004（3—4）.

［10］张静，等. 我国锥齿轮技术的现状和发展动向［J］. 河南科技大学学报（自然科学版），2003，24（1）.

［11］皇涛，等. 螺旋伞齿轮精锻工艺研究现状与发展趋势［J］. 热加工工艺，2009，38（13）.

［12］阳培，等. 谐波齿轮传动技术发展概述［J］. 机械传动，

2005，29（3）．

［13］诸世敏，等．带传动理论与技术的现状与展望［J］．机械传动，2007，31（1）．

［14］秦海生，等．我国航空体育旅游发展现状问题及对策［J］．体育文化导刊，2017（12）．

［15］陈黎，等．宽体喷气式客机发展现状及趋势［J］．航空科学技术，2014，25（8）．

［16］肖志承，等．浅谈直升机技术发展状况及前景［J］．科技风，2013（7）．

［17］李杰，等．涡桨飞机发展现状及关键气动问题［J］．航空学报，2019，40（4）．

［18］王凡．峥嵘50载——航天发展史纪实及现状分析［J］．科教导刊，2015（6）．

［19］孙泽洲，等．中国深空探测现状及持续发展趋势［J］．南京航空航天大学学报，2015，47（6）．

［20］姜建华．浅析国内重卡技术发展趋势［J］．汽车实用技术，2017（1）．

［21］蒋萍，等．我国电动平衡车的市场现状及发展前景分析［J］．山西农经，2016（3）．

［22］崔旭明，等．壁面爬行机器人研究与发展［J］．科学技术与工程，2010，10（11）．

［23］陈泽帆，等．电动自行车发展问题研究［J］．法制博览，2019（6）．

［24］吴珂，等．军用水陆两栖汽车发展现状和发展趋势［J］．专用汽车，2004（2）．

［25］徐文彬，等．圆振动筛的发展及其技术分析［J］．矿山机械，2016，44（4）．

［26］熊杰，等．无线传感器网络应用及发展综述［J］．智能城市，2016（12）．

［27］陈昊．无线传感网概述［J］．软件，2016，37（9）．

［28］白彦飞．对我国红外线传感器应用现状及发展趋势的认识［J］．海峡科技与产业，2017（4）．

［29］龚海梅，等．航天红外探测器的发展现状与进展［J］．红外与激光工程，2008，37（1）．

［30］丁立军，等．基于超声波传感器与红外传感器的移动机器人感测系统研制［J］．南通大学学报（自然科学版），2008，7（2）．

［31］韦兴平，等．超声波传感器应用综述［J］．工业控制计算机，2014，27（11）．

［32］薄树人．中国古代的日食研究［J］．天文爱好者，2008（5）．

［33］张亦婧．观光电梯的整体外观优化浅谈［J］．中国电梯，2019，30（16）．

［34］方俊成．另眼相看摩天轮［J］．产城，2018（8）．

［35］左菱．自动绘图仪的发展与国内市场动向［J］．航天技术与民品，1996（3）．

［36］涂正鼎．浅谈洗衣机行业发展趋势研究［J］．科技与创新，2018（10）．

［37］俞建成，等．深海滑翔机技术与应用现状［J］．工程研究——跨学科视野中的工程，2018，8（2）．

［38］吕德满．电磁铁在农业方面的开发应用［J］．科技信息，2012（23）．

［39］王如房．浅谈燃气轮机发电机组的现状及发展趋势［J］．能源与节能，2013（10）．

［40］张方军．风力发电技术及其发展方向［J］．电气时代，2005（11）．

［41］赵建云，等．温差发电技术的研究进展及现状［J］．电源技术，2010，34（3）．